胡玉珍

冯盈之

张宏儿

张艺 / 编著

新红帮企业文化

红帮

红帮文化丛书

主编 郑卫东

ZHEJIANG UNIVERSITY PRESS
浙江大学出版社
·杭州·

图书在版编目（CIP）数据

新红帮企业文化 / 胡玉珍等编著. -- 杭州 ：浙江
大学出版社，2024.1
ISBN 978-7-308-24308-7

Ⅰ．①新… Ⅱ．①胡… Ⅲ．①企业文化－研究－中国
Ⅳ．①F279.23

中国国家版本馆CIP数据核字(2023)第200816号

新红帮企业文化
XIN HONGBANG QIYE WENHUA

胡玉珍　冯盈之　张宏儿　张　艺　编著

责任编辑	杨　茜
责任校对	许艺涛
封面设计	春天书装
出版发行	浙江大学出版社
	（杭州市天目山路148号　　邮政编码　310007）
	（网址：http://www.zjupress.com）
排　　版	杭州林智广告有限公司
印　　刷	浙江新华数码印务有限公司
开　　本	710mm×1000mm　1/16
印　　张	11.75
字　　数	180千
版 印 次	2024年1月第1版　2024年1月第1次印刷
书　　号	ISBN 978-7-308-24308-7
定　　价	68.00元

总　序

　　党的十八大报告指出："文化是民族的血脉，是人民的精神家园。"党的十九大报告强调："文化是一个国家、一个民族的灵魂。文化兴国运兴，文化强民族强。没有高度的文化自信，没有文化的繁荣兴盛，就没有中华民族伟大复兴。要坚持中国特色社会主义文化发展道路，激发全民族文化创新创造活力，建设社会主义文化强国。"

　　在建设社会主义文化强国，增强国家文化软实力，实现中华民族伟大复兴中国梦的伟大征途上，文化自信是更基本、更深层、更持久的力量。因此，在国际大家庭中，中华民族要想真正立于不败之地，就必须重视并不断挖掘、传承和发扬自己的优秀传统文化，包括中华服饰文化。正如中共中央办公厅、国务院办公厅印发的《关于实施中华优秀传统文化传承发展工程的意见》所指出的那样，要"综合运用报纸、书刊、电台、电视台、互联网站等各类载体，融通多媒体资源，统筹宣传、文化、文物等各方力量，创新表达方式，大力彰显中华文化魅力"。在国家的文化大战略之下，我校组织力量编辑出版"红帮文化丛书"可谓正当其时。

　　红帮是中国近现代服饰业发展进程中一个十分独特和重要的行业群体，也是值得宁波人骄傲和自豪的一张耀眼的文化名片，由晚清之后一批批背井离乡外出谋生的宁波"拎包裁缝"转型而来。20世纪30年代，红帮成名于上海，并逐渐蜚声海内外。如今"科技、时尚、绿色"已成为中国纺织服装产业的新定位，作为国内第一方阵的浙江纺织服装产业正向着集约化、精益化、平台化、特色化发展，宁波也正处于建立世界级先进纺织工业和产生世界级先进纺织企业的重要机遇期。新红帮人正以只争朝夕的时代风貌阔步向前。

红帮在其百年传承中，不但创造了中国服饰发展史上的多个"第一"，而且通过不断积淀生成了自己独特的行业群体文化——红帮文化。在中华母文化中，红帮文化虽然只是一种带有甬、沪地域文化特征的亚文化或次文化，但就行业影响力而言，它却是中国古代服饰业的重要传承者和中国现代服饰业的开拓者。一个国家的文化印象是由各行各业各个领域的亚文化凝聚而成的，每个人的态度、每个群体的面貌，都会在不同程度上潜移默化地影响这个国家主文化的形成和变迁，影响中国留给世界的整体文化印象。从这个意义上来说，红帮文化当然也是国家主文化的重要构成因子，因为它除了具有自己独特的服饰审美追求之外，也包含着与主文化相通的价值与观念。

红帮文化是历史的，也是现实的。红帮文化的核心内涵是跨越时代的，今天，红帮精神的实质没有变，反而随着时代的发展有了新的内涵，其价值在新时代依然焕发出光芒。

中国服饰作为一种文化形态，既是中国人物质文明的产物，又是中国人精神文明的结晶，里面包含着中国人的生活习俗、审美情趣、民族观念，以及求新求变的创造性思维。从服饰的演变中可以看出中国历史的变迁、经济的发展和中国人审美意识的嬗变。更难能可贵的是，中国的服饰在充分彰显民族文化个性的同时，又通过陆地与海上丝绸之路大量吸纳与融合了世界各民族的文化元素，展现了中华民族海纳百川、兼收并蓄的恢宏气度。

中华民族表现在服饰上面的审美意识、设计倾向、制作工艺并非凭空产生的，而是根植于特定的历史时代。在纷繁复杂的社会现实生活中，只有将特定的审美意识放在特定的社会历史背景下加以考察才能窥见其原貌，这也是我们今天所要做的工作。

中国历史悠久，地域辽阔，民族众多，不同时代、不同地域、不同民族的中国人对服饰材料、款式、色彩及意蕴表达的追求与忌讳都有很大的差异，有时甚至表现出极大的对立。我们的责任在于通过对特定服饰的微观研究，破解深藏于特定服饰背后的文化密码。

中华民族的优秀服饰文化遗产，无论是物质形态的还是非物质形态的，可谓浩如烟海，任何个体的研究都无法穷尽它的一切方面。正因为如此，这些年来，我们身边聚集的一批对中华传统服饰文化有着共同兴趣爱好的学者、学人，也只在自己熟悉的红帮文化及丝路文化领域，做了一点点类似于海边拾贝的工作。虽然在整个中华服饰文化研究方面，我们所做的工作可能微不足道，但我们的一些研究成果，如此次以"红帮文化丛书"形式推出的《红帮发展史纲要》《宁波传统服饰文化》《风从海上来——宁波服饰时尚流变》《新红帮企业文化》《丝路之绸》《甬上锦绣》，对于传播具有鲜明宁波地域文化特征及丝路文化特征的中华传统服饰文化，具有现实意义。

本套丛书共由6本著作构成，其基本内容如下：

《红帮发展史纲要》主要描述红帮的发展历程、历史贡献、精湛的技艺、独特的职业道德规范和精神风貌，并通过翔实的史料，认定红帮为我国近现代服装发展的源头。

《宁波传统服饰文化》以宁波地域文化和民俗文化为背景，研究宁波服饰的文化特色，包括宁波服饰礼俗、宁波各地服饰风貌，以及服饰与宁波地方戏曲、舞蹈等方面有关的内容。

《风从海上来——宁波服饰时尚流变》以考古文物和遗存为依据，划分几个特征性比较强的时代，梳理宁波各个历史时期的服饰文化脉络，展示宁波服饰时尚流变。

《新红帮企业文化》从数千个宁波纺织服装企业中选择雅戈尔、太平鸟、博洋、维科等十几个企业作为样本，描述了宁波新红帮人在企业文化建设方面的特色和成就，揭示了红帮文化在现代企业生产、经营、管理等各项活动中所发挥的积极作用，展示了红帮文化长盛不衰的独特魅力。

《丝路之绸》以考古出土的或民间使用的丝绸织物（包括少量棉、毛、麻织物）为第一手材料，结合相关文献，讲述丝绸最早起源于中国，然后向西流传的过程，以及在丝绸之路上发生的文明互鉴的故事。

《甬上锦绣》以国家非物质文化遗产"宁波金银彩绣"为研究对象，从历史演变、品类缤纷、纹样多彩、工艺巧匠、非遗视角5个方面进行探讨。

概括地讲，本套丛书有两大特色：一是共性特色，二是个性特色。共性方面，都重视对史实、史料、实物的描述，在内容编排上也都力求做到图文并茂，令读者赏心悦目；个性方面，无论是在内容组织上，还是在语言风格上，每位作者都有自己的独创性和只属于自己的风采，可谓"百花齐放、各有千秋"。总之，开卷有益，这是一套值得向广大读者大力推荐的丛书。事实上，我们也计划每年推出一本，在宁波时尚节暨宁波国际服装节上首发，以增强其传播效果。

习近平总书记在全国教育大会上特别强调，要全面加强和改进学校美育，坚持以美育人、以文化人，提高学生审美和人文素养。高等学校是为国家和社会培养人才的地方，通过文化建设教会学生并和学生一起发现美、欣赏美、创造美，也是贯彻落实德智体美劳全面发展教育的一项重要举措。我们学校是一所具有时尚纺织服装行业特色的高等职业技术学校，又地处宁波，打造校园红帮文化品牌，推进以红帮精神为核心的红帮文化在新时代的传承与创新，是我们义不容辞的教育责任和社会责任。

本套丛书既是我们特色校园文化建设的成果，也是宁波区域文化以及时尚文化的成果。所以，我们做这样一套丛书，除了宣传红帮文化，并通过申报"红帮裁缝"国家级非物质文化遗产以提升红帮文化的社会影响力之外，也是为了把校园文化、产业文化、职业文化与地方文化做成一个"最佳结合"的载体，推介给广大教师和学生，供文化通识教育教学使用。

本丛书是由浙江纺织服装职业技术学院文化研究院与宁波市奉化区文化和广电旅游体育局联合成立的红帮文化研究中心组织实施的一项文化建设工程，每位作者都以严谨、科学的态度，不断修改、完善自己的作品，并耗费了大量宝贵的个人时间和心血。在此，我谨代表本丛书编委会向各位作者表示最衷心的感谢！此外，一并感谢浙江大学出版社给予的帮助，感谢宁波时尚节暨宁波国际服装节组委会提供平台并给予大力支持。

郑卫东

2020年6月30日

于浙江纺织服装职业技术学院

前　言

　　2019年，宁波市工业强市建设领导小组办公室制定了《宁波市时尚纺织服装产业集群发展专项规划（2019—2025年）》（甬工强办〔2019〕17号），旨在加快培育时尚纺织服装千亿级产业集群，促进宁波市时尚纺织服装产业高质量发展。现在，宁波市时尚纺织服装产业集群化发展虽然有很好的政策条件和较雄厚的物质技术基础，但仅有这些是不够的，我们还必须把宁波市时尚纺织服装行业的重要群体文化——红帮文化提升到一个战略高度来认识，并从产业集群化发展的文化驱动力这一角度，深入研究其价值和作用。我们推出《新红帮企业文化》一书的目的也正在于此。

　　红帮是中国近现代服装业发展进程中的一个十分独特和重要的行业群体，由晚清之后一批批背井离乡外出谋生的宁波"拎包裁缝"发展而来。20世纪30年代，红帮成名于上海，并逐渐蜚声海内外。从19世纪中叶至今，红帮在其百年传承中，通过不断积淀生成了自己独特的行业群体文化——红帮文化，并在不断地开拓进取中形成了自己独特的文化灵魂——"敢为人先、精于技艺、诚信重诺、勤奋敬业"的红帮精神。

　　一个半世纪以来，红帮名家辈出，绝活纷呈，声名远播的就有"西装王子"许达昌、"西服国手"余元芳、"裁缝状元"陆成法、"服装博士"石成玉、"女装名师"孙光武等人。他们都曾通过自己的一把剪刀和一针一线为顾客定制服装，并以精致的服装作品传递各自的个性化理念，其影响也一直延续至今。当年，"红帮裁缝"在上海成名后，便向外开拓生存、发展空间。他们有的北上东三省，南下厦门、港台，西进武汉；有的还跨出国门，远涉重洋，到北美、欧洲、日本、东南亚等地开创基业，施展才华。比如，荣昌祥的创办人王才运为适应国际西服款式的变化，长期从英国订购西服样本，使荣昌祥的西服式样不断更新换代。

改革开放以后，宁波逐渐形成了从鄞州东钱湖镇至石碶镇鄞县大道一线和从石碶镇至奉化江口镇的呈L形走向的"服装走廊"，里面集聚了雅戈尔、杉杉、罗蒙等几十家具有相当大的生产规模和品牌效应的知名服装企业，逐渐形成了庞大的产业集群。随着时代的变迁，红帮文化正以新的方式和路径驱动着宁波时尚纺织服装产业的集群化发展。

进入21世纪，宁波市加快了时尚纺织服装产业升级发展，国际外向度也不断提高，时尚纺织服装企业纷纷与国际著名服装品牌在生产技术、资本、品牌等开展多方面国际合作。如雅戈尔引进了美国百年品牌"浩狮迈"；杉杉集团与法国、美国、韩国等著名服装企业、服装设计师合作，陆续推出"法涵诗""玛珂·爱莎尼""雷诺玛""大公鸡""意丹奴"等国际品牌，培罗成与法国企业合资创立了"RISECAR"品牌等。在将国际品牌引入中国，共同拓展国内市场的同时，宁波市的时尚纺织服装企业也积极开拓国际市场，如雅戈尔分别在印度、西班牙、墨西哥等33个国家和地区注册了商标；杉杉分别在加拿大、澳大利亚、意大利等12个国家和地区注册了"法涵诗"商标，产品畅销欧美、东南亚、中东等100多个国家和地区。如今，宁波的纺织服装产业借宁波对外开放优势，以宁波时尚节等平台为载体，吸引着越来越多的国内外纺织服装企业加入，整体国际影响力不断提升。

当今世界，企业的生产经营管理活动显示出越来越明显的文化导向性。从发达国家的卓越企业来看，现代企业之间的竞争，已经不仅仅是资金、技术、人才、策略的竞争，也是企业文化的竞争。世界500强企业的经验表明，企业出类拔萃的关键是具有优秀的企业文化，它们引人注目的技术创新、制度创新和管理创新无不根植于其优秀而独特的企业文化。"现代管理学之父"彼得·德鲁克说："成功的企业都一个样。"而"一个样"背后的意思是，成功的企业都有卓越的企业文化。

在中国，越来越多的企业家也逐渐认识到企业文化建设的重要性，并开始有所作为。宁波的一批时尚纺织服装企业正是这样的企业，它们不但有着极为深厚的文化积淀，而且将其紧密地融合到了企业生产经营管理的各项活动之中。在市场经济的大潮中，企业家们摸爬滚打，演绎了一个不可思议的"新红帮"传奇。

宁波当代的时尚纺织服装企业成功的秘诀是什么？它们能够集群化发展的原因何在？这是众多研究企业发展的人都想一探究竟的问题，也是我们希望通过编写本书来回答的问题。

11年前，基于同样的目的，我们曾经出版过一本名为"当代红帮企业文化"的书。此次重新编写、出版《新红帮企业文化》，不仅对原有8个企业样本的内容进行了更新，而且新增了7个企业样本，更重要的是重点突出了一个"新"字。"当代"是个名词，它仅能显示时间上的承接，而"新"是个形容词，它不但能涵盖"当代"一词的时间意义，而且能凸显事物在其发展过程中所出现的质的变化。从这个意义上来说，更换书名其实大有深意，并非纯粹的文字游戏。

本书在编写方面具有如下四大特点。

第一，不作企业文化理论的演绎，而是客观地描述企业文化在红帮企业中的实际运行情况。这是由写作对象的特点决定的。因为企业本身不是研究机构，它们不会按照某种理论体系来建构自己的企业文化；它们是生产部门，只会根据自身的发展目标和实际需要实实在在地做企业文化。所谓"一流的企业做文化，二流的企业做产品"，说的正是这个"做"字。

第二，把企业家们作为企业文化建设的主导力量进行描述。虽然"企业文化就是企业老板的文化"这句话失之偏颇，但企业老板在企业文化建设中扮演着最为关键的角色，起着最为核心的作用却是不争的事实。企业老板或企业领导者的个人理想、信念、气质、性格乃至言谈举止，在企业员工中起到某种引领作用或者引发某种模仿效应的情况，可以说比比皆是，不胜枚举。

第三，本书每章（除第九章外）都设计了相同的内容框架。之所以这样设计，一是为了叙述的方便，二是为了阅读的方便。叙述的时候，容易进行内容的组织；阅读的时候，容易照顾读者的兴趣点，既可以一章一章地阅读，也可以选择每一章的相同板块来进行对比阅读。

第四，紧跟企业的前进步伐，反映企业每一个新的变化。古人讲："读其书，不知其人可乎？"意思是读某人的书，对其人一定要有全面而深入的了解。同样，我们要真正了解一家企业的文化，当然首先要了解这家企业的每一个新变化。如果只了解一家企业的过去，而不了解它的现在，那么我们就很难看到企业文化对这家企业的发展所起的积极作用。毕竟文化传承只是手段，促进发展才是目的。

作为第二本专门介绍红帮企业文化的著作，倘若能让更多的人了解红帮文化的传承和发展状况，了解红帮文化对企业发展的深层意义并从中获益，我们当无限欣慰。

是为序。

编者

2023年5月10日于红帮发源地宁波

CONTENTS >>>>
目 录

第一章　雅戈尔集团

第一节　走进雅戈尔

一、企业简介

雅戈尔集团创建于1979年，总部位于浙江省宁波市，是全国纺织服装行业龙头企业。经过40多年的发展，雅戈尔已形成以品牌发展为核心，多元并进、专业化发展的综合性国际化企业集团。集团下设时尚、房地产、投资、国贸四大产业。截至2021年底，雅戈尔集团总资产达940亿元，净资产为353亿元。

雅戈尔集团股份有限公司为上市公司。40多年来，雅戈尔始终把打造国际品牌作为企业发展的根基，围绕转型升级、科技创新，确立了其高档品牌服饰的行业龙头地位，品牌价值达356.61亿元，男衬衫品类连续20多年获得全国市场综合占有率第一名，男西服品类连续20多年获得全国市场综合占有率第一名。

集团主品牌"雅戈尔"多年来持续保持国内男装领域主导品牌地位，目前正以中国衬衫、行政、商务、婚庆、户外五大系列产品为依托，通过"全品类、全场景、全龄段、全方位、全渠道"五全布局来升级品牌运营，从而打造代表"中国品质"的服装品牌。在此基础上，形 成 了 以MAYOR、Hart Schaffner Marx、HANP、Undefeated、Helly

Hansen 为延伸的立体化品牌体系。公司已经与诺悠翩雅（Loro Piana）、切瑞蒂1881（Cerruti 1881）、阿鲁姆（Alumo）、阿尔贝尼（Albini）等国际面料商建立战略合作联盟，共同发布建设全球时尚生态圈倡议，以"全球面料、红帮工艺、高性价比"为理念，打造中国自主高端男装品牌"MAYOR"。雅戈尔引进了拥有130多年历史的美国男装品牌浩狮迈（Hart Marx），并注入庄园、骑士运动元素，打造符合当代时尚生活方式的休闲运动品牌。汉麻世家（HANP）品牌专注于汉麻这一源自中国的天然健康材料，以"贴身科技、亲密关系、自然力量、绿色生活"为定位，推动从种子到产品的全产业链发展，把汉麻这种天然抗菌、透气除湿、绿色低碳的高质量功能性材料带入千家万户。深受年轻人喜爱的街头潮牌Undefeated代表着街头潮流中"不可击败"的精神内涵。挪威国宝级户外运动休闲品牌哈雷·汉森（Helly Hansen）在航海和滑雪的专业领域久负盛名，雅戈尔集团在此基础上将专业运动与日常穿着相融合，带给中国消费者全新的体验。

雅戈尔正以标准化、自动化、信息化、智能化、数字化"五化合一"的建设理念，全面打造拥有花园式生产环境、人性化管理、智能化流水线、信息透明化的中国智能制造精品工厂。强有力的品牌、有竞争力的成本、快速反应的体系、良好的体验平台、高科技手段的应用及线上线下的融合，助力雅戈尔集团智慧营销体系的建设。

雅戈尔集团是中国最早进入房地产市场开发领域的民营企业之一。从1992年起步至今，其始终坚持"品质地产先行者"的品牌理念，打造精品人居社区。雅戈尔集团同样是中国较早进入专业化金融投资领域的民营企业之一，目前已形成了以时尚产业投资为主，其他财务性投资为辅的战略投资体系。

未来，雅戈尔集团将继续秉承"建时尚集团，铸百年企业"的企业愿景，践行"让人人变得更美好"的企业使命，传承"诚信、务实、责任、奉献、正直、有为、勤俭、和谐"的价值观，力争将雅戈尔建设成为世界时尚集团。

2022 年宁波时尚节雅戈尔展厅

雅戈尔门店

二、企业荣誉

1994年，雅戈尔衬衫首次被评为全国衬衫十大名牌第一名。

1996年，雅戈尔牌男衬衫、男西服获得全国同类产品市场综合占有率第一位。

1997年，"雅戈尔"品牌获得中国"驰名商标"称号。

2000年，雅戈尔VP免烫衬衫被授予"国家重点新产品"称号。

2003年，入选"中国企业500强"和"中国民营企业500强"。

2004年，荣获"全国质量管理先进企业"和"国家认定企业技术中心"称号。

2005年，荣获"全国精神文明建设工作先进单位"荣誉称号，并延续至今。

2007年，荣获全国消费者"最受喜爱品牌"大奖、"中华慈善事业突出贡献奖"，世界华人经济测评体系专家评审委员会颁发的"世界华人企业100强"。

2008年，雅戈尔系列产品荣获"国际知名品牌""中华慈善奖"。

2009年，荣获"全国纺织行业实施卓越绩效模式先进单位""全国创新型试点企业""博士后科研工作站""全国内部审计先进单位"称号。

2010年，荣获"中国纺织工业协会产品开发贡献奖""中国服装高新技术成果交流推广大会应用奖（汉麻纤维在纺织服装上的应用）"。

2012年，荣获"全国中小学质量教育社会实践基地奖"及"全国服装行业两化融合示范企业"称号，并被国家工商总局认定为"守合同重信用"AAA级企业，延续至今。

2013年，获得"中国质量奖提名奖"。

2014年，获得"中国工业大奖表彰奖"及"中国质量诚信企业""中国职业装领军企业"称号。

2015年，荣获"标准化工作特殊贡献奖"、"守合同重信用"企业称号。

2016年，荣获"重点跟踪培育服装家纺自主品牌企业""全国服装标准化技术委员会标准化工作先进单位"。

2017年，荣获"中国服装智能制造技术创新战略联盟成员单位""科学技术进步一等奖（纺织用天然植物纤维原料及其织物的质量安全保障技术开发）"。

2018年，荣获"浙江省五一劳动奖状"。

2019年，荣获"浙江省模范集体"荣誉称号，列中国民营企业500强第66位，荣任中国品牌建设促进会第二届副理事长单位。

2020年，入选宁波市制造业"纳税50强"企业、2019—2020年度"标准化工作先进单位"。

2021年，雅戈尔集团位列2021中国企业500强第210位、2021中国民营企业500强第68位、2021浙江省百强企业第19位、2021宁波市综合企业百强第1位、2021浙江省"未来工厂"，荣获第十一届中华慈善奖。

2022年，荣获2022金融界"中国消费者信赖产品奖"，列2022中国民营企业500强第52位，荣登2022宁波市综合企业百强榜首，雅戈尔男衬衫、男西装连续26年获得同类产品市场综合占有率第一，再度卫冕成功。

2022 年宁波市综合企业百强奖牌（图片来源：雅戈尔集团官网）

三、雅戈尔标识释义

雅戈尔标识（图片来源：雅戈尔集团官网）

雅戈尔品牌标志识别图形来源于狻猊。相传东海蛟龙"狻猊"性勤敏，喜洁净，兼怀仁德之心，故命其执掌天下衣饰。狻猊受命而化为龙马，见天下众生寒服草履，心中戚然，携丝麻布帛自东海而出，周而往复，执饰衣华冠送于市井野村，昼夜劳而未感倦怠，奔走于九州方圆，唯以世人衣冠为一己之忧。后世之人以厚德载物为念，以龙马精神为事，终成大业。

第二节 雅戈尔创始人李如成

一、人物简介

李如成,汉族,1951年出生,浙江宁波人,中共党员,高级经济师。1981年至1990年,从宁波青春服装厂一名普通工人开始,逐渐成长为厂长、书记。1991年至1993年7月,任宁波雅戈尔制衣有限公司董事长兼总经理。1993年7月至今,任雅戈尔集团股份有限公司董事长、雅戈尔集团总裁。现任中国上市公司协会副会长、宁波上市公司协会会长,兼任宁波盛达发展有限公司执行董事、宁波雅戈尔控股有限公司董事长、宁波银行股份有限公司董事,任第九届、第十届、第十一届全国人大代表。

1991年、1994年,李如成连续两届被评为全国优秀乡镇企业家;"七五"(1986—1990)期间,被评为农业农村部劳模,浙江省优秀党员;2001年,被评为全国优秀乡镇企业家;2003年4月,被评为浙江省第二届创业企业家;2022年5月,入选第七届"浙江慈善奖"提名公示名单(慈善楷模奖),2022年12月,荣获2021—2022年全球浙商金奖;2023年3月23日,以115亿元财富位列"2023胡润全球富豪榜"第1975位。

二、创业经历

雅戈尔在中国可以说是鼎鼎大名。雅戈尔不仅是一家地域性的企业、一个品牌,还是中国企业走向世界的一个经典案例。作为雅戈尔的创造者,雅戈尔集团总裁李如成也是当代中国成功企业家的代表人物之一。李如成和雅戈尔的成长本身就是一个传奇。40多年前,李如成以2万元的知识青年安置费起家,如今,雅戈尔已从一个靠自带尺子、剪刀、小板凳拼凑起来的位于戏台地下室的原始手工作坊，发展成为亚洲最大、最先进的衬衫、西服生产基地和上市企业之一。

（一）砥砺磨炼：从"丑小鸭"到"白天鹅"

雅戈尔的故事是中国"丑小鸭"变"白天鹅"的创业传奇，而它的领头人李如成的人生之路并非一帆风顺。少年时代、青年时代经历坎坷，砥砺磨炼，但他的信念始终未曾改变。1958年，李如成的父亲被打成右派，全家人从繁华的大上海被下放到宁波南郊段塘镇，品尝底层社会的艰辛。为生活所迫，刚满7岁的李如成和村里小伙伴们一起编织草帽，一顶仅挣几分钱，也当过每天只赚两分钱的放牛娃。10岁时，李如成的父母相继病故，他和一个姐姐、两个弟弟相依为命。李如成初中尚未毕业，便主动报名到灯塔大队雅渡村"插队"务农，在"广阔天地"里一待就是15年。

党的十一届三中全会后，数千万知青开始陆续返城。1980年岁末，已近而立之年的李如成来到了镇办的"青春服装厂"。说是工厂，其实只是一个仅用2万元安置费勉强建起来的小作坊。工厂车间就在村边戏台的地下室，缝纫机都是职工从自己家搬来的，主要业务是为别的工厂代加工一些短裤、短袖之类的低档产品。生产条件虽然简陋、艰苦，但李如成十分珍惜这难得的工作机会，凭着勤奋努力，进厂不久他便被任命为裁剪组组长。然而，这条"汪洋中的小船"，不久便受到市场大潮的冲击，因缺少业务快要沉没了，100多名知青面临失业的危险。这时李如成偶然听人讲起东北有个厂家要找合作伙伴，便主动请缨前去联系。几经周折，他终于拿到了这笔令工厂绝处逢生的业务。12吨面料发来，李如成潜在的经营管理才能展露了出来，他既当设计师又当调度员，把各个环节安排得妥妥帖帖。当年结算时，厂子的利润从前一年的几万元猛增至20万元，工人的月工资从20多元涨到七八十元。李如成也由此得到了大伙的信任和拥戴，在职工的一致提议下，李如成开始担任青春服装厂的厂长。

当时，横向联营是乡镇企业生存和发展的一条有效通道。李如成上任不久，便捕捉到这样一条信息：百年老厂上海开开衬衫厂正在寻找联营加工点。他当即赶赴上海。李如成的真诚、执着打动了开开衬衫厂的决策层，双方一拍即合，开始联营。李如成对上海来的师傅待以上宾，虚心求艺，生产上兢兢业业，不敢有任何差错。天道酬勤，短短两三年间，李如成的工厂获得数百万元的利润，掘得了宝贵的第一桶金。通过横向联营，青春服装厂学到了先进的管理经验，锻炼了队伍，还完成了一部分资本和技术的积累，积累了一定的业务渠道。但横向联营受制于人，发展空间较窄，企业要再上台阶，就需要创造自主品牌。就市场而言，当时社会处于短缺经济状态，好产品是"皇帝女儿不愁嫁"。1986年，李如成刚刚把自己的第一个品牌——北仑港衬衫推向市场，便受到各地商家的追捧。厂里收到从"山城"重庆发来的一份紧急电报："山城人民盼北仑港，火速发货。"第二年，北仑港被商务部评为全国畅销产品。当众人还沉浸在"北仑港"旗开得胜的喜悦中时，李如成却意识到"北仑港"品牌的局限性：品牌地域色彩太浓，文化含量不够，缺乏提升的空间。1990年8月，在李如成的精心运作下，一个全新的中外合资企业——雅戈尔制衣有限公司宣告成立。雅戈尔的英文名Youngor是"青春"的意思，李如成认为，"雅戈尔"既是青春服装厂的历史延续，又寄托着对未来的期待，且无论是英文还是中文，均书写流畅，读起来朗朗上口，是一个近乎完美的创意。自那以后，雅戈尔公司连上台阶：1993年，改制为股份制公司，明晰产权；1998年，公司上市，涉足资本市场。经过40多年的创业历程，雅戈尔创造了一个又一个神话。

（二）低头做事

2008年，中国步入改革开放第30个年头，雅戈尔29岁，李如成57岁。这一年，距离李如成计划的60岁退休时间还有3年。那一年，在农村种过地、在车间扛过麻袋的李如成已是一家大型上市公司的掌门人，经过29年的经营，雅戈尔从以知青安置费2万元起家的青春服装厂，发展为拥有600亿元资产的大公司。作为雅戈尔的创始人和掌门人，令人难以置信的是，李如成竟是个"小股东"，他所持股份仅占雅戈尔股份的5%！李如成说："我只是小股东。我的身份是雅戈尔的一名高管，一个打工者。"雅戈尔是一家没有大股东的公司，基本上都是职工持股。"我们的原始股东的5000股现在值500万元，20年来翻了100倍，这就是最大的回馈社会。"李如成自豪地说。在雅戈尔原始股东里，李如成是唯一没有卖过雅戈尔股票的人。他说："我也从未想过卖雅戈尔的股票。我个人不需要那么多钱。"有一句管理箴言说：明白比智慧重要。这句话对中国的民营企业家来说，更加贴切。李如成无疑是一个明白人。如今已经有超过百亿元身家的他最讨厌的两个字就是"富豪"。"我就是想低头做点实事，现在的媒体过于浮躁，社会风气也过于浮躁，稍有不慎就会遭到群起而攻之，所以，我们只是低头做事。"李如成感慨道。明白人只做显而易见的事情，他们从不幻想，他们眼中都是残酷的现实，脑中都是适者生存的危机意识。你认为你是谁？面对这样的问题，李如成总是从容地回答："我是农民！"面对自己的财富，李如成说："那是我运气好，还要感谢邓小平同志。"李如成几十年来一直十分低调，一身不变的雅戈尔西服和衬衫，一只拎了多年的公文包，去哪里都是自己开车。这就是李如成的做派。自小在恶劣的环境下求生存，让李如成对客观现实始终抱着敬畏之心，遇强则曲，用包容化解矛盾。自称是"广大（广大社会）"和"农大（广大农村）"毕业的小学生李如成，诠释着中国人最核心的生存智慧，这是最大的明白。如今，雅戈尔已经成长为一家世界级企业，而李如成在大会、小会上谈的都是如何生存，有强烈的危机意识。李如成如今已身价不菲，但面庞依然黝黑，身板依然健硕，他还是当初怀揣2万元起家的那个李如成，为人朴实、脚步稳健。对于公众来说,李如成一直是一个很低调的人,他不张扬,更喜欢安静。他晚上基本不出去应酬,经常和妻子、女儿一起就着一些宁波小菜,喝点稀饭。面对媒体,李如成喜欢谈规模,谈雅戈尔的产能、产值;喜欢谈现在,谈雅戈尔目前的行业地位、谈如何超越对手;喜欢大量引用数据来说明雅戈尔的龙头地位。面对旁人的羡慕,李如成从不洋洋自得,而是谨小慎微,依然把服装业作为企业的基石。很多时候,他都穿着雅戈尔的衬衫和西服,他始终认为服装才是雅戈尔不断壮大的基础。"雅戈尔的目标是要做国际品牌、铸百年品牌。"李如成说,以往他想得太多,现在要开始做了。

(三)产权改制

谈到雅戈尔的发展,李如成认为:"1993年雅戈尔的产权改制是企业发展过程中最重要的一次转折。"而这次转折的机遇完全是因为李如成的通透。1978年,知青大返城,80多个知青没法返城,于是,他们用返城安置费开起了一家乡镇企业:青春服装厂。李如成说:"那时镇里有十几家小企业,青春服装厂算是差的。我当时想,服装厂一定是女工多,我是大男人,比女人有力气,一定能干得更好。另外,这里还可以学手艺,将来不至于饿死。"就这样,李如成进厂做了小工。他从小工做到裁剪组长,再到厂长,就这样开始了他的成功之路。李如成的勤奋和精明让服装厂越来越红火,而矛盾也就此产生。当时的镇领导认为李如成不太听话,几次想撤掉他的厂长职务。虽然最后都因职工们抵制而作罢,但产权问题不解决,服装厂就总是有"婆婆"管。而就在当时,宁波市动员企业搞股份制试点,李如成当时就决定让青春服装厂参与试点。按照现在的法律解释,青春服装厂是一家纯粹个人出资的民营企业。而在当时,产权问题还是禁区。乡政府认为,企业是乡里的;而服装厂认为企业是职工出资的,政府没有出过一分钱。那时候,体制问题已经成为制约雅戈尔发展的最大障碍。于是,李如成决定,不过多纠缠于此，让利给乡政府。谈判就在乡政府的一间办公室进行。李如成当时盘算的底线是给政府 20%~25% 股份，而后来他了解到政府的底线是25%~30%。于是，他提出将25%的股份给政府，谈判仅用10分钟便成交。纵观中国乃至世界的企业改制，用10分钟时间完成企业产权改制，雅戈尔可能创造了一项世界纪录。而这10分钟换来的是如今几百亿元的企业总资产。产权问题的顺利解决是雅戈尔发展的最大机遇。李如成说："这次改制成功让雅戈尔真正走上了腾飞的道路，我那时想的是赶紧低头做事，在利益分配上不做过多纠缠，市场的机遇和时间不等人。改制之后，我们干起来就没有后顾之忧了。"现在回头看，李如成是舍小利换来了大利，省去了无休止的股权争夺，避免了因为小利而与政府产生龃龉的风险，他用委曲求全换来了最宝贵的发展时机。而这个识时务的"明白"源自他能深刻地剖析自己所处的社会环境。李如成说："我从《鲁迅全集》里学到了深刻认识社会的能力。"从鲁迅那里"拿来"的明白让他从来不和客观现实硬斗。

（四）经商哲学：脚踏实地谋发展

已获得巨大商业成功的李如成为人处世非常低调，现今一些企业家、明星，如果没有张扬的个性似乎就不能成为"人物"，李如成却是个例外。有人说，李如成行事低调，外圆内方，不狂不妄，不发"热烧症"，善听各方意见，故决策较少出现失误。宁波是中国服装之乡，据《2022/2023宁波纺织服装企业发展报告》，2022年宁波有866家规模以上纺织服装企业。当时与雅戈尔处在同一起跑线上的企业有很多，但很多年过去了，有的企业已无声无息地消失了，还有些企业总是"长不大"，而雅戈尔却始终处于领跑者之列，并且后劲十足。有人向李如成讨教成功之道。他说，雅戈尔没有经验，因为任何企业的发展都必须将自身条件与市场实际相结合，套用某个模式是不行的。如果说雅戈尔真的有什么经验的话，那就是企业决策者要经得起外界的诱惑，不要好高骛远，像熊瞎子掰苞米——掰一个，丢一个。他说："1998年雅戈尔上市成功，当时手里资金比较宽裕，有人来出主意，说去搞金融，搞高科技产品等，我们都回绝了。因为我们再三研究，企业搞多元化不仅仅是钱多钱少的问题，而是要有人才、市场的支撑，要有多种要素的配套。从雅戈尔来看，我们擅长的是做服装行业，把服装行业做大做强，企业同样有广阔的发展前景。"李如成有句名言：企业成功的关键不是跑得快，而是少走弯路，不犯或少犯错误。谨慎探索、平稳发展并不等于碌碌无为。

李如成对于如何发展中国服装产业有他自己独特的见解和主张。20世纪80年代初，中国服装业"风乍起，吹皱一池春水"，有人认为，服装是低成本、低技术、劳动密集型产业，主张"遍地开花"，大量办服装厂。李如成持有异议，他说，服装是传统产业，但不是落后产业，发展中国服装的出路在于提升其科技含量，以科技之手"后来居上"。他把有限的资金用在技术改造上，从20世纪90年代初开始，李如成多方筹资，从德、意、日等世界服装大国引进现代化的生产线，包括国际一流的全自动预缩定型设备、CAD系统、自动吊挂系统及智能化整烫设备等。当时中国服装协会的专家来到雅戈尔的厂里参观后感叹道：中国引进服装技术不用出国考察，雅戈尔就是最佳"博览会"和试验基地。世界服装大师皮尔·卡丹在参观了占地500亩（约33万平方米）的雅戈尔国际服装城之后赞道："我走遍了各国知名服装企业，你们的设施、规模在世界上首屈一指。"李如成认为，现代西服不仅要求工艺精湛、制作精细，更需要造型设计完美，体现服装的人性化理念。雅戈尔建立了当时世界上最先进的西服样板中心，其推出的薄型、超薄型西装，不仅拥有欧美时尚风格，亦兼具东方民族的特点，产品一问世，即成为业界的黑马，销量连年快速增长。"只有占据终端才能掌握自己的命运。"李如成这样说。雅戈尔最初走的也是产销分离的传统模式，但是在实际操作中，他深感原来的商业体制束缚太多，常常"叫不应"。李如成说，开枪越接近敌人才打得越准，企业越贴近消费者才越摸得准市场的脉搏，雅戈尔的核心竞争力应从构建自己的营销网络着手。从20世纪90年代中期起，李如成调集精兵强将，打造自己的销售网络体系。经过10年努力，雅戈尔耗资15亿元，在全国建起了100多家分公司、2100家营销网点，其中营业面积在300平方米以上的自营店有300多家。投资1.5亿元的上海"雅戈尔自营旗舰店"，位于有"中国商业第一街"之称的上海南京路上，店铺面积达5000平方米，是国内最大的服装专卖店。在后来的四五年中，雅戈尔还每年投入两三亿元开设大型专卖店，实现全国大型连锁店超500家的目标。调整提升营销网点，发展超大型自营专卖店和窗口商场等建设，成为雅戈尔营销模式的一大特色。李如成说，大型自营专卖店投入不菲，但其功能是全方位的，不仅是雅戈尔的顾客服务中心、销售中心、信息中心和决策中心，同时也是宣传雅戈尔品牌和实力的形象中心，是雅戈尔自身广告宣传的最佳载体。李如成斥巨资建设全国营销网点和大卖场，也引来一些争议。反对者呼声集中的一个观点就是，这样做会造成调度不灵、大量过季过时产品积压。1999年初，李如成访问了美国最大的销售企业JCPenny，他了解到JCPenny年经销各类服装数千万件，销售额超过250亿美元，但如此巨大的业务其通过计算机网络管理，仅有4个仓储基地，基本实现零库存管理。借鉴国际同行的先进经验，李如成推出的"大营销"有这样几个特点：一是占领市场制高点，以大城市、省会城市的自营大卖场为龙头，展示自身实力和品牌，从中心城市向周边地区拓展渗透，加快专卖系统的形成。二是设立配送中心，连接生产与销售，集营销、物流和资金于一体。2003年起，雅戈尔投资5000万元与中国科学院合作实施数字化工程，通过现代化网络平台将海内外、全国各地的生产、经营、科研等各种数据汇总到一个平台，整个运作体系如臂使指，反应灵敏。雅戈尔凭借自身独特的运行机制和高科技手段，也可以使企业既稳步发展又充满活力。如通过信息化技术，雅戈尔成功开发异地量体裁衣服务，哪怕人在外地，只要将顾客体型数据输入电脑，经过技术合成，总部基地即可制版生产。雅戈尔的工程师说，此项技术原来是从日本引进的，但经本土化改造后，比日本的更先进。三是围绕销售密集地区，建设新的生产基地。雅戈尔在重庆市南岸区征地 118 亩（约合7.9万平方米），投资2亿元，建设雅戈尔西部服装城，把生产与销售资源整合起来，使广大中西部地区成为雅戈尔未来发展的新增长点。

（五）"两条腿"走国际路

李如成悟性极高，在雅戈尔每一个成长的关头，其谋略、决断、行动几乎都恰到好处。前些年，国内纺织业陷于低谷，纷纷"压锭、减员、扭亏"，李如成却"反弹琵琶"，投资 20 亿元向服装产业上游延伸，进军纺织面料，众人颇为疑惑。李如成说，纺织企业"压锭改造"原因是技术工艺的老化，而不是产业的衰落。我国服装面料的自给率仅为40%，每年要进口面料近 50 亿美元，倘若国产面料自给率能提高 10%，不但可为国家节省外汇10亿美元，整个纺织行业亦可增加几十亿元的利润。雅戈尔纺织新型面料问世后，以其高密度、精细编织及免烫、抗菌等多种功能而备受中外厂家青睐，不但填补了国内空白，国外一些大公司也纷纷下单。李如成说，他有一个梦想，就是要在全球经济一体化的浪潮中，让中国普通消费者也能享受国际一流的高科技产品。早在 1994年，李如成就从日本引进了 HP 衬衫免熨工艺，此项产品面市后，在国内衬衫行业掀起了一股免熨热潮，同年雅戈尔棉免熨衬衫被国家科委（现为科技部）等部委联合评定为我国衬衫行业第一个国家级新产品。此后，李如成在提高自主开发能力的同时，不断从国外引进新工艺、新产品，奉行"拿来主义"，为我所用。

2007年初，李如成提出从美国引进世界领先的面料纳米技术，开发出拥有自身知识产权的纳米 VP 免熨衬衫，被授予"国家重点新产品"称号。在产品演示会上，雅戈尔公司的技术人员将食用油、墨水等倒在纳米衬衫上面，轻轻抖动后液体立即滑落，不留丝毫痕迹，赢得了满堂彩。进入 21 世纪，面对世界产业结构调整，扩大国际贸易、加快推进企业外向转型，是李如成的又一个着力点。他带领手下干将与意大利、日本、法国等国家的服装业巨头频频接触，在美国、日本等国家和地区联手兴建合资贸易机构，借船出海，开发自己的海外销售渠道。

2008 年，正当中国纺织品出口争端硝烟四起之际，雅戈尔集团的主力产品西服和衬衫在海外的销售数量却比 2007 年同期分别递增了 120% 和 70%，并且运用多种策略，巧妙地避开了种种出口限制。在斗智斗勇的国际贸易战中，李如成的精明和深谋远虑，让众多业内人士击节赞叹。李如成说：我们做外贸出口坚持"两条腿走路"，既有自主品牌出口，也有贴牌（OEM）加工。但是我们开发国际市场绝不打价格战，不与国内同行自相残杀。这些年来，中国企业竞争最常用的就是低价手段，从国内打到国外，以致中国产品成了低价劣质的代名词，这种现象不能在雅戈尔身上重演。雅戈尔接待外商，先让他们参观工人宿舍、食堂、厕所，再考察厂房、生产设备，让国外同行亲眼看到，雅戈尔的实力与国际上最好的企业相比也毫不逊色，接着才进入实质性生意谈判。雅戈尔开价比国内同行要高出 30%～50%，李如成认为，雅戈尔是最优秀的，就值这个价。有个外商嫌雅戈尔价格高，最初生意未谈成，把订单给了国内另一家企业，两个月后他却再次主动上门，说就按雅戈尔的价格做，因为雅戈尔产品确实是"最棒"的。

如今要求与雅戈尔合作的外商络绎不绝，但李如成要好中选优。他认为做生意要把眼光放长远些，不能把所有鸡蛋都往一个篮子里放。如近年来雅戈尔有意拿出一部分外贸加工能力，留给东南亚、中东地区的客商，因为欧美服装行业反倾销贸易壁垒官司较多，雅戈尔的出口渠道更广了，就可以在国际市场上更加游刃有余。其实早在 10 年前，当雅戈尔衬衫、西服在国内市场供不应求时，李如成已未雨绸缪地在策划拓展国际商路了。20世纪90年代末，日本经济在亚洲金融危机冲击下处于低迷之中，李如成借机进军日本市场，第二年便取得了销售额超过5000万美元的不俗业绩。当时日本某权威机构在预测日本未来10年最具发展前景的1250家企业时，日本雅戈尔公司名列第268位。今天的雅戈尔，从纺织、服装到销售终端，形成了一条长长的产业链，其庞大程度是外人难以想象的。作为一个产业，纺织服装部门齐全、品类丰富，有棉纺、毛纺、化纤、针织、印染等，每一项都有复杂的工艺技术、人才、原辅材料等一系列具体要求。至于遍布全国和海外的销售网络，不仅仅是产业内部的细化，更是第二产业与第三产业的打通整合。雅戈尔拥有2万名员工、20余家独立法人公司、130余家分支机构，其体系囊括众多的产业和生产要素，环环紧扣，并且又都是独立开放的。这样庞大的服装企业王国，在全世界也是绝无仅有的。有人说，雅戈尔的可贵之处在于稳居潮头、引领时尚，但又不自我满足、故步自封。李如成使雅戈尔在品牌经营、规模化生产这两个方面获得了比一般厂家高得多的超额利润，又将这些利润进一步转化为超规模的生产、更先进的技术和更细化的市场网络，从而在原来低门槛的服装行业中，给潜在的竞争者设立了一道几十亿元的市场门槛，也为雅戈尔壮大自身实力、接轨国际构筑了一个高起点平台。但李如成仍未敢自大，他说：要"创国际品牌，建百年企业"，我们还有很长的路要走。

（六）管理制度：挑战现代企业制度

经过几十年的企业经营管理实践，李如成似乎摸到了企业管理的一些窍门，形成了自己的"土路子"。这个董事长并不忌讳别人说他是农民，他也习惯用一种朴素简单的方式来思考。从管理到经营，黑脸的李如成骨子里其实藏着一个"孙悟空"，三十六变不够，还要七十二变。对于现代企业制度，李如成并没有夜郎自大般地抵制，也没有鼠目寸光式地排斥。他既思考家族企业好在哪里，也积极了解现代管理制度到底是什么。李如成十分热衷于出国考察，足迹遍及东南亚、日韩、欧美。他关注这些地方特别是东南亚地区的家族企业，在现代企业制度大行其道的情况下，依然有很多家族企业发展得不错，这让李如成在思考雅戈尔的发展大计时，走上了一条与众不同的路。李如成的女儿为雅戈尔集团打理香港的公司。当时，他希望在美国读过商科的女儿能够在香港科技大学读读 MBA，更好地学习管理思想。另外，他又委托经济学家陈家强研究家族企业的管理问题。这是一种既矛盾又开放的心态。多年的实战和成功经验使李如成对管理企业很自信，也花过很多时间思考企业的未来，但又希望能不断接受质疑再打破质疑，以进一步增强说服力。毕竟，对一家仅有 40 多年历史的企业而言，未来要经历的波折还有很多，可能最大的挑战，就是如何把接力棒往下传承。李如成对现代企业制度有很多自己的见解，但他总是隐秘地思考，很少公之于众，所以流传出来的，只有一点点而已。谁知道他现在思考的，会不会将雅戈尔带到又一个让人意外的未来呢？

对李如成来说，交接班不是"传人"，而是"传道"。他确立的企业管理框架，是既不能学美国，也不能学欧洲，因为在他看来，美国人都愿意当经营者而不是所有者，而欧洲企业是"福利企业"。李如成在雅戈尔内部强调所有者、经营者和劳动者三者合一。在聘用职业经理人的实践中，李如成感受颇多。在雅戈尔，很多高层都是和李如成一起打拼过来的，他们曾一起在车间一线劳动。现在，这些元老都成了千万富翁，李如成毫不担心这些人会做出什么对企业不利的事情来。相反，他倒是对职业经理人心存担忧。不拘一格用人才，李如成对于人才几乎是渴求的。稚气未脱的山里娃，到雅戈尔努力几年后，成了一名技术骨干、管理者；刚刚走出校门的毛头小伙，用不了几年，就走上了雅戈尔的管理岗位。在雅戈尔，只要是有能力的人，就会有适合自己的舞台。李如成努力给员工搭建"合体"的成才舞台，员工可以在自己的舞台上淋漓尽致地发挥自己的才能。这也是雅戈尔能从一家作坊式的小型服装加工厂发展为以纺织服装、房地产、国际贸易为主体，多元并进、专业化发展的大型企业集团的原因之一。对于新进公司的大学生，李如成还特别组织他们参加培训，帮助他们尽快将所学知识转化为工作技能，同时循序渐进地给他们加担子，让他们在实际工作中锻炼、提高、成长。在雅戈尔内部，李如成有意培养几个博士成为骨干。但是他对这些博士，用的是当年农民对待知青的思路：首先要批判，博士就是"不是"，然后再让他们成长。在挑选人才方面，李如成最看重经历。经历比学历重要，因为经历是唯一的，但如果没有学历这个知识基础，又将难以提升。这也是李如成自身不断在克服的局限。当然，除能力之外，李如成认为德行也十分重要，他强调要为社会做事，而不是为自己赚钱。很多人说过这句话，但从李如成嘴里说出来，却给人一种信服感。企业要实现可持续发展，人才是关键。李如成在谈及雅戈尔的人才观时说：不管什么人，不管你进雅戈尔集团的动机是什么，首先需要劳动，需要奉献，需要与企业文化融为一体，才有可能完善自己，在企业中确立自己的位置，才能够称得上人才。"有的人之所以能成为人才，就是因为融入了企业，在企业找到了可以淋漓尽致发挥自己才能的舞台，在为社会、企业创造价值的同时实现自我价值。"李如成特别表示，他希望自己能为更多人才搭起一个平台。

第三节　雅戈尔的企业文化

一、核心内容

雅戈尔的企业文化随着雅戈尔集团的不断成长而形成，从青春服装厂时期开始，经过横向联营、引进外资、股份制改造、资本上市等发展阶段，通过中国传统文化与西方文化的嫁接，在企业的变革成长中不断锤炼，不断推陈出新，逐渐形成今日雅戈尔企业文化的整体面貌。

著名经济学家于光远曾说过：国家的强盛在于经济，经济的繁荣在于企业，企业的兴旺在于经营管理，而经营管理的核心在于文化。雅戈尔在改制后的发展历程中，根据社会需要和企业发展需要，不断学习传统文化、现代文化、民族文化、区域文化、外来文化，并不断认知、求索和创新，逐步形成富有本企业特色的价值观念、行为准则、经营理念和管理方略。

（一）雅戈尔的核心价值观：诚信、务实、责任、奉献、正直、有为、勤俭、和谐

诚信，是雅戈尔的文化之根，诚实守信既是企业发展的基石、立企之本，也是企业恪守的基本准则。雅戈尔的经营之道及成功之道皆源于诚信的道德意识和规则意识。

务实，是雅戈尔的文化之本，也是企业的经营风格。百年基业的夯实依赖于潜心耕耘、埋头苦干。君子欲讷于言而敏于行，少说多做，可以"做一天和尚撞一天钟"，但一天要比一天撞得好。不断创造价值是企业存在的首要前提，不务实则无以发展。

责任，是雅戈尔的文化之纲。雅戈尔的社会责任不仅是为消费者提供优质产品、为员工创造福祉、为股东创造效益、为社会创造价值，更要成为中国商业伦理的践行者。

奉献，是一种纯洁高尚的精神境界。"奉献"二字，历来为人所尊崇，在时间的长河中，在奋进的道路上，越是面临艰巨任务、严峻挑战，越需要无私奉献的精神。

正直，是一种实事求是的精神。正直意味着有勇气坚持自己的信念，包括有能力去坚持正确的东西，并能公开反对错误的东西。

有为，是一种人生追求。有为，即积极进取，努力做出成绩。要有"为有牺牲多壮志，敢教日月换新天"的决心，要与时代相辉映，与祖

国共奋进。

勤俭，是中国人的传统美德，是中华民族的优良传统。静以修身，俭以养德，无欲则刚。勤俭不仅仅是一种对财富的态度，更反映了一个人的心态和境界。树清正之气，立节俭之风，成百年伟业。

和谐，是雅戈尔的文化之果。雅戈尔文化追求的最高目标是和谐，和谐是人与人之间、人与企业之间、企业与社会之间关系最融洽、最健康、最有利于进步的状态。和谐源于责任，要从宽容、合作、共济做起，从身边做起。没有责任就不会和谐，每个人只考虑自己就不会和谐，每个人都考虑他人才会和谐。

（二）雅戈尔企业文化的特征：和合

雅戈尔企业文化的主要特征是和合，注重实现公司股东价值（治理和道德价值）、员工权益、环境、社会公益事业、供应链伙伴关系、消费者权益这六大体系的价值最大化。经营风格既有鞭长莫及、力不能及的不做这样"两不做"的稳健风格，又有敢为人先的开拓之举，在人才与事业、物质与精神层面达到双赢。

扬名应扬企业名，计利当计长远利。一个优秀的企业是一个具有高度荣誉感的企业。它要求人人为同一个目标而努力，向着同一个方向奋进，用个体的力量散发一点光、贡献一点热，聚沙成塔，这样的企业才能充满力量。从个人利益上升到集体利益，再从集体的力量中印证自己的力量，这样的个体才是成熟的个体。雅戈尔强调集体荣誉感，凝聚众人的力量，喊响一个名字。优秀的企业也同时具备长远的眼光，以远超同类企业的眼光寻找真正的价值。一个有使命感、有抱负的企业绝不会把目光停留在眼前利益，必然会追求更为宏大的价值，实现更高的利益。企业有这样的眼光，员工有这样的抱负，才是雅戈尔赖以发展壮大的企业精神。

（三）经营理念：装点人生，服务社会

雅戈尔不仅仅是生产产品本身，更寄托了人们对于高品质生活的向往。从个体角度来说，雅戈尔以其高品质的产品与服务给予客户关爱和美的享受，为客户创造更加美好的生活，让人生更加精彩；从群体的角度来看，雅戈尔长远的价值取向是服务社会，这既是作为企业应尽的责任，也是雅戈尔的重心所在。不计较个人得失的奉献精神及永不满足的进取精神是雅戈尔最重要的精神内核，也是企业赖以成长的宝贵财富。宽容与合作则代表了雅戈尔文化的内省精神。宽仁源于仁道，仁道讲求仁爱、宽容。雅戈尔对员工采取的是"共济"之道，为员工创造、造就一个平台型、亲和型、平权型企业。雅戈尔没有"打工仔""外来妹"的称谓，员工之间、上下游企业之间唯有以合作共赢精神同舟共济，才能抵达彼岸。

（四）企业宗旨：让消费者满意，使合作者发展

企业作为市场经济的主体，必须正确处理好社会、企业、顾客、员工之间的关系，必须平衡相关者的利益。消费者是企业服务的首要对象，没有消费者的满意就没有企业的成长，是消费者的支持使公司蒸蒸日上，为此必须重视消费者的满意度。独木不成林，企业在运作和发展当中不可能单枪匹马前行，任何进步都有合作者的一份功劳，在各企业都日益注重"供应链"的当下，雅戈尔始终坚持与合作者共生共荣、合作发展的企业宗旨，为顾客创造价值，为公司创造效益，为员工创造事业，为社会贡献力量。

创国际品牌，铸百年企业，是雅戈尔的发展目标，也是推动促进雅戈尔永续发展的原动力。作为中国服装的龙头企业，创建中国的世界品牌既是企业的终极目标，更是时代赋予雅戈尔的历史使命；成就百年企业同样承载了企业对员工的终极使命。雅戈尔的企业使命是在发展中逐

渐成形的，也在发展中从量变走向质变。就当前的形势来说，雅戈尔近期的使命是要进一步推进自主品牌建设，夯实百年企业的基础。就远期的使命来说，雅戈尔要实现"创国际品牌，铸百年企业"的历史使命。

（五）工作宗旨：变革创新

勇于变革、不断创新的企业必然会遇到诸多难题，要发展就要突破难题、寻找对策，而对策往往由变革而来，没有变革就没有创新，没有创新就没有未来。

雅戈尔是一个在变革中壮大的企业，从横向联营到中外合资，从股份制改造到资本上市，随着时代节点的变化不断变革机制、文化及市场策略。雅戈尔也是一个注重创新的企业，在衬衫领域屡破技术瓶颈，连摘"国家重点新产品"桂冠；从横向联营到自创品牌，连续二十多年占据全国市场综合占有率首位；在新材料、新面料的运用和研发上颇有建树，从火炬项目到重点火炬项目，从市级高新技术企业到国家级高新技术企业，一直在这条创新之路上勇往直前。变革以适应环境，创新以再造环境。

雅戈尔崇尚"勤奋诚实、正直善良、富而不骄、满而不溢、谦而不卑、刚柔相济"的道德理念。勤勉、诚实、正直是深受雅戈尔尊崇的品格，也是企业立足社会的道德基础，唯此才能确保公司事业健康发展。一个人与一个企业的心态决定了其所能成就事业的高度，雅戈尔以"创国际品牌，铸百年企业"为使命，就必须有良好的心态去面对过程的曲折与坎坷。富而不骄是因为企业发展的最终目的不是财富；满而不溢是指心胸有多宽广，事业就有多大，心胸永远能包容成就；"谦而不卑，刚柔相济"让人在任何时候都保持一颗谦和的心，志得意满时不沾沾自喜，身处逆境时不自怨自艾，在原则问题上坚持立场，在方法上保持适度的灵活性。

（六）社会责任：勇于承担，乐于奉献

雅戈尔集团为地方经济发展和国家公益事业做出了积极的贡献，2022年实现销售收入1715亿元，利润总计62亿元，实缴税收34亿元。此外，雅戈尔还为社会公益、教育事业积极捐款捐物。为弘扬中华民族扶贫济困、乐善好施的传统美德，支持宁波市鄞州区慈善事业，雅戈尔出资4000万元设立"雅戈尔章水助学公益基金"，专门用于扶助章水镇贫困学生，资金重点用于慈善助学、助困等社会公益项目。

二、"三双"文化

（一）双本文化

"人际关系家庭化、组织纪律军事化、工作秩序签约化、工作环境园林化"，即是团队精神的整合，是雅戈尔文化的固本之道。作为中国传统文化的核心内容之一，血缘、亲缘和乡缘及其演绎的千丝万缕的人际关系，其积极作用表现在构筑了相对稳定的社会结构。雅戈尔将所有员工视作亲人，为员工营造了世界一流的工作环境，先后投资5000万元建造雅戈尔新村，又投资1200万元建造雅戈尔职工宿舍，改善外来员工的居住、生活条件，让员工安居乐业。雅戈尔对犯错误的干部员工从不搞疾风暴雨式的批评，而是悄悄地将其调至另一个职位，令其去"悟"。曾有一位犯错误较严重的副总被撤职后，从基层做起，因业绩较好，依旧得到了升迁的机会。雅戈尔一贯提倡宽松、和畅的人际环境，为员工营造自省、改正、提高的氛围。但一味"情治"也有明显的负面作用，要确保规章的严肃性、震慑力，必须有严明的组织纪律，情治与法治合则齐美，离则两伤。"组织纪律军事化""工作秩序签约化"正是在寻找一个突破口：以理性模式与非理性模式的结合，培育企业精神，建立现代企业制度。理性模式以"事"为中心，注重工作绩效，建立在

把员工看作"经济人"的基础上。

雅戈尔企业精神有四个层面：一是深厚的民族文化根基，即中华民族文化的基本精神，如慎权、慎欲、慎独、慎微等。二是浓郁的本土文化气息，勤廉节俭，艰苦奋斗，服贾而仁义存，行贾诚信不欺人。三是淳朴的思想道德风貌，即真诚、谦让、爱国济民等。四是现代企业精神，就是在前三点的基础上，以理性模式、以规章制度及标准来约束员工。

作为宁波市乡镇企业首家规范化的股份制企业，雅戈尔参照国际先进企业模式，调整组织机构，建立了生产中心、营销中心、投资中心三位一体的经营模式。以营销公司为例，公司与各区域副总签订责任状，然后层层签约，明确各自职责，权责分明，逐步完善了企业自主经营的决策机制、自负盈亏的风险机制、市场导向的营销机制、酬效挂钩的分配机制、外引内育的人才机制、优胜劣汰的竞争机制、多元投入的融资机制、自我积累的发展机制。企业以人为本的方针促成了人以企业为本的局面，员工焕发出前所未有的创业热情，并开始形成优良的经营品质、守法的经营形象、市场竞争的公德，以及健全的市场人格。双本文化是企业人格化的基础，而企业人格化是社会主义市场经济良性发展的必然趋势。

（二）双赢文化

社会主义市场经济的发展，必然引起全社会利益格局和利益关系的调整，由此带来价值观念的变化，比如企业与社会、经济利益与社会效益、利润与道义、物质文明与精神文明等。雅戈尔的经营宗旨"让消费者满意，使合作者盈利"及企业理念"装点人生，服务社会"十分清楚地表述了企业与消费者、合作者、社会的关系。从企业角度来说，参与市场竞争，离不开形象力、知名度和美誉度，一个形象力高的企业，才能内有凝聚力，外有吸引力和竞争力，才能促进物质文明和精神文明协调发展。1997年，山东服装市场上流行着这样一句话：掀起"虎豹"风，吹起"海螺"号，扬起"富绅"派，奉献"雅戈尔"情。其中这个"情"字体现了顾客对雅戈尔情感服务的认同，是雅戈尔的经营特色，突出其地表现在以下三个方面。

一是对经销商来说，与商场共同改善销售阵地，营造良好的购物环境；支持配合商场的各种促销活动及商业文化活动；与商场共同挖掘潜力，改善经营服务，降低销售费用，提高盈利能力；与商场共同研究营销对策，加强售后服务，引导消费；与商场共同提高营销管理水平，向管理要效益。

二是对消费者来说，首先是以情感人。"一针一线总关情"是雅戈尔人的基本工作精神。一些或胖或瘦、或高或矮的特殊体型消费者常因为买不到合身衣服而苦恼，为此雅戈尔每年多次推出"心系消费者服务周"和"情钟消费者"活动，专门从宁波调集裁剪大师到各大中城市的专卖店、商场，为特殊体型消费者量体裁衣，企业负责人亲自坐堂接受消费者的提问，现场处理雅戈尔产品的质量问题，技术人员接受各类消费者有关衬衫、西服的制作、穿着、选购、洗涤等知识的咨询。其次是以礼悦人。雅戈尔经常在各地报纸、电台、电视台推出大型礼遇消费者活动，并配合政府部门、新闻单位开展各种社会公益活动，如举办"雅戈尔"杯十佳教师评选、十佳交警评选，奖励劳动模范和优秀退伍军人等，有效地扩大了知名度、美誉度，也切切实实表达了对先进人物的敬意。雅戈尔在销售中经常给消费者赠送一些有文化含义的礼品，营造服饰文化、塑造品牌形象。最后是以质服人。雅戈尔曾推出衬衫"质量坦白书""西服质量坦白"等活动，近于苛刻的质检细则和诚心接受消费者挑剔检验的态度体现了名牌企业的自信，更表现了企业对消费者的诚意，这些活动受到舆论的广泛关注和消费者的普遍欢迎。诚信赢得字号久，谦和赢来顾客常。显而易见，如今企业都把搞好服务工作提高到更加突出的地位，到 21 世纪，顾客至上、职工幸福、为社会服务这三种价值将成为企业经营的标志。在社会财富出现大幅增长、人们生活水平不断提高、需求越来越多样化的情况下，社会不仅需要商品本身，还需要优质的服务，有时对服务的需求甚至超过对商品本身的需求。

三是对社会来说，要服务社会、建设社会。"装点人生，服务社会"是雅戈尔的企业理念。"装点人生"有两层含义：首先是透过劳动和智慧，为社会大众获得美好人生增光添彩，好服装对人当然是一种"装点"。其次是在这个过程中永不停歇地吸纳新知，提高自我，实现升华，这也是一种"自我装点"，既装点了别人，又装点了自我；既把别人装饰得更美，又使自己得到升华。

（三）双优文化

1997 年，雅戈尔品牌获中国"驰名商标"称号，这项殊荣是对雅戈尔多年来致力于提升服装品质的最高褒奖。但雅戈尔也清醒地看到，在市场竞争中，永无疲软的市场，只有疲软的产品。没有任何一种技术能够保证企业长期处于优势地位，更没有任何一种产品能保证企业有永久的优势，能使一家企业持久繁荣，企业需要不停地寻求制度、组织、技术、产品、人才的创新。雅戈尔在创业时期的横向联营、中外合资、股份制改造三部曲都曾开了当时的风气之先，在产品、市场、机制方面大胆开拓、不懈进取，使企业在强手如林的竞争中脱颖而出。在不断开拓与创新的同时，雅戈尔也很注重保持稳健的经营作风，避免盲动与浮躁。雅戈尔有两不做：不做力不能及的事情，不做鞭长莫及的事情。企业决策者理性、务实的风格使雅戈尔走上了良性扩张、高速成长的道路。例如：从 1994 年到 1997 年的 4 年间，企业每年的销售额以 88% 的速度递增，利润以 95% 的速度增长。

三、品质与品牌同步

雅戈尔服饰的品质有四个内涵：一是艺术内涵，设计体现"以人为本"，符合功能与时尚需求，并体现文化品位。二是技术内涵，促进企业由劳动密集型向技术密集型转变，确保材料、配件性能及品质稳定，制作水平、保型能力达最佳状态。三是时效内涵，密切注视对服装潮流的号召力，流行的寿命，应季时的保证等。四是服务内涵，将服务视为产品的"第二次竞争"，为消费者携带、馈赠、穿着、洗涤、保养等提供力所能及的种种便利服务。品牌体现着消费者与产品之间的关系，这个关系就是对消费者基本需求的主张与满足，对产品购买的保证与口碑，没有品质的保证与同步，品牌将成为无本之木。这四个内涵的品质保证最终依赖于人的品质，依赖于研发部门与生产部门、营销部门等部门一体化经营，与企业整体战略相结合，共同决定企业的命运兴衰，各部门之间的团体协作精神、员工的团队精神得到整合与发扬。

四、人才与事业共长

市场竞争和产品质量的提高，推动了生产工艺流程的不断优化，雅戈尔每年要从欧洲进口500万~1000万美元的先进设备，而生产工艺的优化，又对员工的整体素质提出了更高的要求，促使员工在职业技能和职业理想、职业道德、职业纪律、职业责任方面逐步提升。如企业里的一部分机修工，过去各自为政、不思进取，在企业购进了大量世界一流的先进设备后，感到前所未有的压力，一旦机器出了故障而他们束手无策，就会影响生产进度。这就促使他们相互切磋，赶超比学，钻研新技术，搞技术小革新，促成了人才与事业共长的局面。

五、物质与精神齐飞

品牌的一半是物质，一半是精神。品牌之所以成为品牌，很重要的原因就在于它具有丰厚的、独特的精神文化内涵，品牌本身就体现着物质文明与精神文明的统一，它有力地推动着精神文明的发展。雅戈尔品牌在创立、培育和发展中，积淀了一笔宝贵的精神财富，它的精神支柱和精神动力对品牌的巩固和发展具有深远的影响。

企业的健康发展使员工的物质生活得到极大改善，并带动了员工在精神层面的提升。要使员工关心企业，能与企业同心同德、尽职尽责，最关键的在于让员工能分享企业成长所带来的好处。只有在这种企业文化下，员工才能树立积极的工作价值观，才能真正感受到成功的乐趣，才能感受到人格被尊重，才能表现出敬业敬职的精神，公司才能真正被员工所热爱。"开拓与稳健并重""品质与品牌同步""人才与事业共长""物质与精神齐飞"的局面，落脚点是"以人为本"。什么是"以人为本"？其内涵十分丰富，但至少有一点是肯定的：如果一个企业对于员工的全部激励仅仅是物质层面的，那么员工与企业投资购买的设备就几乎等同，那么"以人为本"就是自欺欺人。现代组织理论认为，一种有效的激励机制，应保证组织成员的收益与其对实现组织目标的贡献大致处于均衡状态。建立激励机制，就是在现实经济生活中，通过建立一套制度、营造一种氛围，使组织成员的收益与其对实现组织目标的贡献大致处于均衡状态。曾有很多企业试图以诱人的条件聘请雅戈尔的几位营销副总，但很少有人为此动心，他们当中的大部分人都是从普普通通的农民几经磨砺才成为骁将，在雅戈尔实现了人生的升值，这种归属感、自豪感、认同感并不是金钱可以买通和改变的。这也是雅戈尔多年来不遗余力地推行双优文化，通过事业目标激励、人格尊重、成就感满足、物质分配与集体主义精神有机结合的成果。

企业文化的精髓是提高人的素质，重视人的社会价值，尊重人的独立人格，开发人的文化资源，调动人的积极性，从而促进生产力的发展。双优文化的倡导和推行，也促成了企业的双优局面，40多年来，企业勇立改革开放的潮头，稳步发展，从一个作坊式的小企业发展成为一个国家级的大型现代化企业集团，培养了一大批德才兼备的企业经营管理人才，在企业发展的几个关口，凭借正确的理念和经营宗旨，一步一个脚印，克服重重困难，取得了良好的业绩，并树立了健康的企业形象。

第二章　杉杉集团

第一节　走进杉杉

一、企业简介

杉杉1989年由郑永刚创建于浙江省宁波市。30多年来,杉杉从单一的服装业务稳健发展成为集新能源科技、偏光片等产业于一体的全球领先高科技集团。杉杉自2002年起连续21年入榜中国企业500强,2022年以622亿元销售额位居第359位。

30多年来,杉杉作为中国服装的龙头企业,引领着中国服装业的产业发展方向。1989年,杉杉在中国服装界第一次系统地提出了品牌发展战略,首倡"创中国西服第一品牌",先后实施名牌战略、设计师品牌、无形资产运作、多品牌和国际化等战略,并成为我国第一家上市的服装企业和国家扶植的520家重点企业之一。

1999年,杉杉总部移师上海,开始实施多元化发展战略。杉杉以实业为根基,大力发展锂电新能源材料和偏光片光电材料,实现双科技引擎、双发展动力。杉杉通过引进一流人才,持续投入研发资金,不断提升技术实力,深入整合产业资源,目标是成为锂电材料、光电材料两大领域的全球头部企业。

新能源锂电材料是杉杉的支柱产业之一。经过20余年持续投入,杉杉已在上海、宁波、包头、眉山、宁德、郴州、湖州、长沙、石嘴山、衢州、东莞、昆明等地设有多家生产企业，成为全球锂离子电池负极、正极及电解液领域最大的锂电材料综合供应商。2021年，杉杉负极人造石墨出货量排名全球第一。鑫椤资讯2022年的负极材料最新研究数据显示，杉杉负极人造石墨出货量突破20万吨，同比增长100%，市场份额达16%，人造石墨负极材料出货量蝉联全球榜首。

杉杉锂电材料技术研发居于世界领先地位，目前杉杉股份旗下拥有3个国家高新技术企业（负极、正极、电解液）、2个国家级企业技术中心（负极、正极）、1个省级企业技术中心（电解液）、2个博士后工作站，参与相关国标的制定，拥有400多项技术专利。

杉杉投资了宁波杉杉科技创业园、中科廊坊科技谷、中科芜湖生物科技谷等科技孵化器，致力于打造"中国硅谷"，为科技企业的成长发展提供强有力的支持和发展平台。

杉杉秉承"正直、负责、创新、担当"的价值观，积极参与地方经济发展，承担企业的社会责任，关爱员工健康与职业发展，关注和支持贫困弱势群体、青少年教育、健康养老等事业，并入选多项中国企业慈善榜名单。

宁波南部商务区杉杉大厦

鄞州万达广场杉杉门店（图片来源：余赠振摄）

二、企业荣誉

1997年，"法涵诗"时装荣获中国服装设计"金品质"奖，设计师张肇达获最高奖项"金顶奖"。

1998年，上海杉杉服装有限公司被认定为市外在沪大企业。

2001年1月，杉杉牌西服被推荐为上海名牌产品，获评"国家863计划CIMS应用示范企业"，杉杉牌内衣被认定为"中国质量万里行"专项质量跟踪产品，荣获"中国生态纺织贡献奖"，杉杉品牌衬衫荣获消费者满意中国名牌产品。

2008年，获第四届中国证券市场年会金鹰奖。

2009年，"杉杉"品牌获中国品牌500强，被评为浙江省工业行业龙头骨干企业。

2010年，被评为浙江省制造业百强企业，旗下上海杉杉科技有限公司获得上海高新技术成果转化自主创新十强企业称号，"杉杉"品牌荣获"浙江出口名牌"称号。

2013年，获得中国服装品牌年度大奖最高奖"成就大奖"。

2016年，旗下杉杉能源的"万吨高能量密度锂电正极材料数字化车间新模式应用"项目成功入选"智能制造新模式应用"项目，旗下湖南杉杉能源科技股份有限公司技术中心被列入"2016年国家企业技术中心"名单，旗下杉杉能源（宁夏）有限公司的"锂离子电池高性能高镍多元正极材料绿色制造技术"入选2016年绿色制造系统集成项目公示名单。

2017年，被评为首届2016浙江百佳年度最受欢迎企业、宁波市年度AAA级资信企业。

2019年，位列全球新能源企业500强榜单第106位、"2019中国企业社会责任500优榜单"第128位。

2020年，胡润研究院发布"2019胡润中国500强民营企业"榜单，杉杉集团以市值175亿元位列第416位。

2021年10月，入选2021年浙江省省级新一代信息技术与制造业融合发展试点示范企业名单（个性化定制方向）名单。

2023年，胡润研究院发布"2022胡润中国500强"榜单，杉杉股份排名第285位。

杉杉标识（图片来源：杉杉集团官网）

杉树是杉杉品牌的形象来源，它象征着正直向上、积极领先，映射着杉杉的历史、今天和未来。绿色是杉杉品牌的主要颜色，它是阳光的馈赠，是生机的闪耀，彰显着杉杉的责任和活力。蔚然成林的人形组合是杉杉品牌的灵魂。一个个人聚在一起，共生共荣，枝繁叶茂，分担风雨，分享阳光，汇聚成了杉杉持续成长的强大联合力量。秀木耸云的视觉感受表达了杉杉品牌的志向：自信而不失灵活，稳重而不失潇洒，杉杉永远满怀激情地挺立在灿烂的阳光下，奋发成长。品牌标识整体恢宏大气，简洁现代，传承了杉杉品牌的一贯精神，更在当今崭新的发展时期，彰显了杉杉"联合发展力量"的品牌理念。

第二节　杉杉创始人郑永刚

一、人物简介

郑永刚（1958—2023），汉族，出生于浙江宁波，研究生毕业于南京理工大学，杉杉品牌创始人，高级经济师。

郑永刚曾任杉杉控股有限公司董事局主席、上海市人民政府决策咨询专家、陕西省政协研究室主任及机关党组成员、上海宁波商会会长、上海新沪商联谊会会长、甬商总会联席会长、中国服装协会副会长、上海国际时尚联合会常务副会长、亚洲时尚联合会主席。他曾受聘为浙江工学院（现为浙江工业大学）、南京理工大学、中央音乐学院客座教授，上海交通大学、苏州大学兼职教授，复旦大学兼职研究员。他曾多次当选中共浙江省党代会代表、浦东新区政协委员，浙江省人大代表。

郑永刚从事企业管理工作多年，多次获"宁波市特级劳模""全国优秀青年企业家""浙江省劳模""中国纺织系统优秀企业家""中国服装杰出贡献奖""中国服装大奖终身成就奖""国家级有突出贡献中青年专家""中国经营大师""中华十大管理英才""浙江省非公有制经济人士新时代优秀中国特色社会主义事业建设者"等荣誉称号。

2022年11月，郑永刚以80亿元财富位列"2022衡昌烧坊·胡润百富榜"第795位。2023年2月10日，郑永刚病逝，享年65岁。

二、创业经历

1958年1月，郑永刚出生于浙江宁波的一个农村家庭，18岁参军入伍。

1985年，郑永刚被派到鄞县棉纺厂任厂长、支部书记。

1989年5月，郑永刚被派往当时以出口为主的宁波甬港服装总厂（后改为杉杉集团有限公司）任厂长、党委书记。同年，郑永刚创立杉杉品牌，在服装业率先提出并成功实施名牌发展战略，带领杉杉成为中国服装领军企业，促进了整个行业"名牌意识"的觉醒。

1993年，杉杉开始研制锂离子电池负极材料——CMS。

1994年，任中国杉杉集团有限公司董事长、总裁（至病逝）。

1996年，郑永刚亲手将杉杉股份推上A股，成为中国服装行业首家上市公司。

1997年，郑永刚在业界提出"名牌、名企、名师"的"三名"联合，有力推动了设计师与企业的结合，促进了中国服饰文化的繁荣，并因此荣获国际优秀企业家贡献奖。从这一年开始到2002年，郑永刚连续6年参加"世界经济论坛"并作专题演讲。

1999年，郑永刚在企业内实施的国际化多品牌战略，又一次推动了中国服装名牌战略由以生产营销型为主向以设计创新型为主转型。因为郑永刚在企业发展上的成就和对行业发展的贡献，他先后被国务院发展研究中心评为中国经营大师，被纺织总会授予中国纺织行业优秀企业家称号，被中国政府授予"国家级有特殊贡献中青年专家"称号，并受聘为上海市人民政府决策咨询专家。同年9月，杉杉与鞍山热能研究院共同成立了上海杉杉科技有限责任公司（以下简称"上海杉杉科技"）。从这一年开始，连续3年应邀参加全球财富论坛。

2001—2002年，郑永刚连续两年应邀出席APEC工商论坛并发表演讲。

2002年，成立上海科润创业投资有限公司，在并购方面加快了速度。收购的从事外贸的国际合作集团一年的销售额达到15亿元。8月，中国服装协会、中国服装设计师协会联合为郑永刚颁发了"中国服装杰出贡献奖"，这在中国服装发展史上还是第一次；12月，郑永刚被推选为2002年度十大中国最受关注企业家之一。

2003年，成立湖南杉杉新材料有限公司。

2004年，在上海成立杉杉控股有限公司（曾用名：杉杉投资控股有限公司），企业注册资本为138748.4749万元。12月，郑永刚出席在荷兰海牙举行的"中欧工商峰会"并表示，"创新是杉杉的灵魂"。

2005年，创办东莞市杉杉电池材料有限公司。

2007年，郑永刚宣布辞去公司的董事长职务，安心退居幕后。

2020年6月，郑永刚时隔13年高调回归杉杉。同年12月28日，杉杉股份发布公告称，公司于当日召开董事会，选举杉杉股份企业创始人郑永刚担任新一届董事长。

三、管理理念

被世人誉为"服装界的巴顿将军"的杉杉集团董事长郑永刚，时不时显露出几分狂傲之气，更有一身潇洒风骨。他并不满足于人们对他的"巴顿将军"的称谓，他有一句名言："将军与元帅的区别在于，将军决战在战场，元帅决策于后方。在市场经济的战场上，我要做元帅。"作为企业的掌门人，他对自己的工作也有非常明确的定位："骑自行车看10米，开汽车看200米，开飞机看方向。我是开飞机的，我看好方向就行了。"对企业的发展方向，他经常说的一句话是："大企业，一定要进入大行业。"

在管理方式上，郑永刚推行的是"宝塔形管理"。他在生活中并没有像大公司老总那样总是有处理不完的公务，总是要工作到很晚，似乎工作就是生活的全部。他每天工作不超过8小时，经常有时间和太太一起散步、和朋友一起聊天，每个星期一必定会打两场高尔夫球，实在是过得太潇洒了。后来有人让郑永刚谈谈其中的奥秘，郑永刚开诚布公地说：其实给每一个人都分配一项工作，等于是每个人就吃自己前面的一碗饭，如果你把别人的饭给吃了，别人饿了，你也撑了。工作也是一样，所以必须掌握管理技巧。52个公司，这么多人你能一一去管吗？你不能管。如果你使用宝塔形的管理方式，你只要管好你的高层团队的人，他们再去管中层的人，再让中层去管基层。一层一层的管理，是科学的管理，也是最好的。如果你一竿子插到底，那你苦也苦了，最后事却做不好。宝塔形管理，让你有更多时间来思考、来决策。同时，作为公司的决策人需要有个健康的心态、健康的身体，这是对事业的最大保障。一个人生活在自由放松的环境里，可以随意交往，谋略策划未来。这一切都需要时间，而一个企业家的时间来源也许就在于采用"宝塔形管理"。

在人才管理上，郑永刚重视专业人才的选拔和运用。他说："我从不做具体的工作，我是用人，用最专业的人做最专业的事。"在创业初期，他很早就开始"抢夺"人才。设计大师王新元是众多服装公司争夺的目标，1996年，在国内服装界，杉杉率先聘请其为首席设计师。西装老"红帮"第六代传人张桥梁，也被郑永刚"抢来"，将他聘为总工艺师，并提高他的工资，请他设计出最好的西装。这位设计高手见郑永刚如此诚心重用，就使出了浑身解数，精心设计了一个又一个新型的西装式样，其中有一个式样获得了全国西装设计一等奖。叶英伟是享誉意大利等国的西装权威专家，原是法国梦特娇公司的技术顾问，重金难求，郑永刚就通过组建中外合资公司的形式，与他合建时装公司，由他负责杉杉服装款式的开发，并对杉杉进行指导，他的到来，不仅带来了他本人的技术和业务，同时也带来了一批在他周围的和跟他学艺的西服人才，从而使杉杉的品牌声誉大大提升。郑永刚不仅擅长"抢"人才，更想方设法用好人才。杉杉一方面斥巨资打造一流的环境吸引人才，另一方面建立现代的用人机制，对人才委以重任，任人才充分施展才华和本领。20世纪末21世纪初，杉杉投资上千万元成立设计总部，同时郑永刚通过各种途径，网罗了许多有真才实学的人士，并把总部迁到上海市。第一年，杉杉就吸引了60余名国内外高级人才，其中不仅有一批来自国内的教授、高工、院长等高级人才，还有许多意大利、法国、日本人才。

在品牌运营上，郑永刚积极探索多品牌国际化的道路。2005年3月28日晚，"2003—2004中国服装年度大奖"颁奖晚会在北京世纪大剧院隆重召开。晚会上，众多品牌汇聚一堂，"杉杉"品牌备受瞩目，成为晚会的焦点。在鲜花与掌声中，杉杉董事长郑永刚捧走了"2003—2004年度中国服装品牌策划大奖"和"2003—2004年度中国服装品牌成就大奖"，并荣获品牌价值奖提名。透过奖杯耀眼的光芒，可以看见杉杉品牌15年来的不懈努力和企业背后"多品牌，国际化"战略的精心布局。

对服装界同仁给予"杉杉"的肯定与支持，郑永刚用"感谢"两个字深深地表达谢意。面对众多关注的目光，他深信杉杉品牌将以自信而卓越的姿态迎接新的市场考验，在服装界展现出独特而魅力十足的品牌光彩。

在多品牌国际化实践中，杉杉对品牌的理解得到了又一次升华。"我们现在是在做品牌运营商，像耐克、路易威登和伊藤忠商事株式会社那样，杉杉是做投资，以资本为纽带控制了很多时尚品牌，但每个品牌的运作我们都交给具体的品牌公司来做，生产环节也被剥离。"而杉杉走的正是那些跨国公司的经营之路。

品牌运营的变革目的也很清楚，即针对细分市场增加产品的分众性，以增加设计元素来提升品牌含金量和时尚感。郑永刚将品牌运营理解为从大规模工业品到设计品的飞跃。"设计是灵魂，设计师是灵魂的载体，要让灵魂归位。我毫不怀疑，中国的设计师时代已经到来。"这是郑永刚当时喊出的口号，也是中国服装产业第一次提出自主创新的想法。

在管理创新上，郑永刚着力建设战略推动型企业。2004年12月，郑永刚出席在荷兰海牙举行的中欧工商峰会时说："创新是杉杉的灵魂。"其一，杉杉的管理创新首先是从实现战略管理创新入手。可以这么说，杉杉是一个战略推动型的企业，战略管理创新在杉杉的发展中一直占据着十分重要的地位。1989年，当郑永刚接任宁波甬港服装总厂厂长一职时，创新具体而言就是品牌发展战略。正是这个战略创新创造出了"杉杉"品牌并不断引导杉杉发展壮大。其二，人才管理是企业创新管理的核心。随着科技的不断进步，市场竞争越来越激烈，企业对人才素质的要求也越来越高，市场竞争最终体现在对人才的管理上。因此，人才管理是企业管理创新的核心。杉杉求才若渴，不断引进高层次的高级技术人才和国际化的高级管理人才，已经组建了一支足以与跨国公司竞争的人才队伍。其三，不断推进管理手段的创新。杉杉坚持"小总部，大管控"的管理模式，采用财务内控和行政人事的双线管理手段，重视条线管理，不断深入基层，提升服务，保持企业的稳定和发展。

在技术创新上，郑永刚大力推动高新技术成果转化。国际著名企业都把技术创新视为关键的竞争力。郑永刚一贯重视技术创新，尤其是锂离子电池材料领域的技术创新。他带领杉杉科技加大技术创新力度，获得诸多技术创新荣誉："中间相炭微球"项目被纳入"九五"国家高技术研究发展计划（863计划），被列为"上海市高新技术成果转化项目"；中间相炭微球项目被列为国家"科技型中小企业技术创新"支持项目及"国家高技术产业化推进项目"；中间相炭微球项目被评为"上海市高新技术成果转化项目百佳"及"上海市火炬计划项目";"高容量硅碳复合嵌锂负极材料"项目列入"十五"国家高技术研究发展计划;"锂离子电池负极材料——中间相炭微球"项目被评为上海市科学技术成果;锂离子电池碳负极材料(中间相炭微球)获得"国家重点新产品"荣誉;锂离子电池负极材料——复合人造石墨(FSN)被认定为"上海市高新技术成果转化项目";锂离子动力电池关键材料及器件制造技术获得教育部颁发的"技术发明奖二等奖";锂离子电池负极材料复合石墨球(CGS)被认定为"上海市高新技术成果转化项目"。

在制度创新上,郑永刚大力推行规范的股份制改造。对企业来说,单靠一次创新难以创造持久的竞争优势,持续创新才是企业核心竞争力的关键。要形成这样的局面,就必须不断地进行制度创新。1989年,郑永刚在接任宁波甬港服装总厂厂长时,这个厂是一个亏损严重的国有企业。郑永刚认为,当时这个企业的制度不适合劳动密集型的服装行业。为了增强全厂上下的凝聚力,他推行了一系列制度改革,这次制度上的创新为打造出"杉杉"这个名牌起到了非常重要的作用。接下来,随着企业的迅速发展,郑永刚感觉企业的发展又到了一个瓶颈期,假如不进行制度创新,将很难再有大的发展。因此,1995年,杉杉实行股份制改造;1996年,杉杉股份有限公司成为我国第一家上市的服装企业。毫无疑问,规范的股份制改造对当时的杉杉而言,是一次深刻的制度创新,其影响十分深远。就这样沿着不断发展和创新之路,杉杉逐渐发展成了集团公司。1998年,公司总部迁到上海以后,杉杉的发展更加迅速,企业规模不断扩大,从单一的服装产业转为以服装为基础、以高科技为主导的大型现代化、国际化企业集团。在这种新形势下,及时进行制度创新已刻不容缓。于是,2004年12月,杉杉控股有限公司成立了,杉杉进行了一次全新的管理体制上的重大改革。经过20多年的发展,杉杉已成为以资本为纽带组合而成的多产业的大型企业集团,是由杉杉控股有限公司名下的全资、控股、参股和无形资产委托管理的所有企业依法组成的企业共同体。

第三节 杉杉的企业文化

一、核心价值理念

企业文化是企业制度的重要组成部分，是企业的"软件"。杉杉的企业文化作为灵魂，存在于多元化、混合型的杉杉企业集群中。企业文化是无形的东西，但有形的东西都是由无形的东西决定的，杉杉走到今天，是战略的胜利，也是文化的胜利。"正直、负责、创新、担当"是杉杉企业文化的精髓，是杉杉企业凝聚力的源泉，也是杉杉最宝贵的精神财富。

担当就是要承担起应尽的义务，在履行义务中发挥出自己全部的能量，创造出有助于企业发展的效益。一个企业只有全身心投入利国利民的事业中去，才会获得真正的成就感，才能被社会认可。

2005年5月，郑永刚第一次提出了杉杉的企业文化理念，是"正直、负责、创新、奉献（后被'担当'替换）"八个字。他说："要清理企业文化的障碍，就像我们党的'保鲜'教育。我们要下大力气去做，有了文化认同，才有真正的人才；有了人才，事业才有真正的发展。"

在那一天的会议记录上，记载着郑永刚关于杉杉文化的系统阐述。

杉杉文化是什么？是自己的个性。杉杉的个性就是包容，像海派文化，能够吸纳所有优秀的文化。杉杉的文化也是多元的，不是单纯的服装、外贸、科技，像美国的移民文化。

文化是竞争中核心的核心。我理解，杉杉文化有这样几个要素：

正直是杉杉最看重的品质，一个正直的人，一个正直的企业，才能可持续发展与成长。我们要不断培训，不断学习，充实内心修养，充满浩然之气，充满正大刚强之气，"仰不愧于天，俯不怍于人"，堂堂正正做人，堂堂正正做企业。

创新是杉杉的立身之本。杉杉的每一步成功都来自创新，杉杉永远是敢为天下先，一直都是时代的先锋，时代的英雄。鼓励创新、保护创新是杉杉的企业文化。

奉献精神不是一种过时的东西，一个人只有全身心投入事业中，才会有真正的成就感，才能被社会认可。

负责就是要对企业负责，对股东负责，对社会负责，对员工负责，这是企业经营者的基本要素。

这八个字，应该成为始终悬在我们头顶的一把剑，时刻提醒你做人之本、做事之道。杉杉走到今天靠的就是正直、负责、创新、奉献。文化是决定企业兴衰的最重要的核心因素，成为杉杉人，就一定要记住：你要对社会负责任。

"你要对社会负责任"，这掷地有声的八个字，不仅是杉杉的理念，也是对杉杉的事业发展最精彩的概括。

所谓企业文化，就是指导和约束企业整体行为及员工行为的价值理念。企业文化是企业制度的重要组成部分。文化是企业制度中的软件，而硬件则是法人治理结构、产权制度和管理制度等。之所以强调不能把企业文化当成企业制度之外的范畴，是因为我们在多元化、混合型的杉杉企业集群中，发现了杉杉文化作为灵魂而存在着。

企业文化分为经营性、管理性、体制性三种，恰好对应了杉杉产品品牌的发展历程，毫无疑问，三种文化在杉杉是融合的，但对于今天的杉杉而言，体制是最为重要的因素，体制性文化的培育是成功的关键。

体制性文化，是指为了维系企业体制的存在，人们应该拥有的价值理念。维系一个体制，要提倡忠诚理念、团队理念、敬业进取理念、等级差别理念和制度至上理念。忠诚是最重要的，忠诚就是诚信，就是郑永刚一再强调的正直。有一部分人津津乐道于"有钱赚就有诚信，没钱赚就没诚信"的无赖哲学时，杉杉的"正"将推动这艘大船走得更远。

二、阳光企业

杉杉创业至今已有30多年，从做产品、做品牌到做企业、做投资，弹指一挥间，杉杉一直是一个与时俱进的品牌，一家与时代共舞的企业。

杉杉是一家阳光企业，从国企转制而来的杉杉，天生带着阳光与正直。郑永刚说，一家正直的企业才是一家可持续发展的企业。

一家阳光企业，应该有阳光的底色和阳光的追求。1998年到1999年间，杉杉西服最高时曾达到37%的国内市场占有率。这为杉杉带来了"第一桶金"，而阳光下的财富也奠定了杉杉的企业底色和发展基调。1998年，杉杉集团总部由宁波移师上海浦东，开始"与鲨鱼同游"。借助上海的无穷活力，杉杉"化茧成蝶"，逐步展开了服装、科技、投资三大板块的多元化发展，一个在多元化中融汇专业化特色的"杉杉企业"横空出世。杉杉不再是一家生产产品的企业，而是成为一家以输出企业和人才为己任的投资控股集团。

一家阳光企业，应该是国家战略的执行者和追随者。2006年底，郑永刚将自己更多的时间与精力放到了北方，融入环渤海经济区的开放开发这一国家战略中去。为贯彻落实科学发展观，全面实施自主创新型国家的强国战略，河北省廊坊市人民政府充分利用区位优势，在京津走廊间创意策划并规划设立"中科廊坊科技谷"。项目由廊坊市政府和杉杉企业具体操作、共同运营，以科技孵化和高技术成果产业化为重点，突出自主创新平台建设和新兴产业基地培育，集聚国内外科技成果、集聚海内外创业精英、集聚国内民营资本、集聚国际风险投资基金、集聚中央和地方科技政策，力争在较短时间内建设成为国内领先、世界一流的科技成果转化基地，打造具有中国特色的"硅谷"。

一家阳光企业，应该是国际化战略的践行者。2006年9月，郑永刚率领8个中国品牌参加米兰时装周，这个一向被国际一线品牌所垄断的时尚舞台，破例展开胸怀，迎接中国的8家知名服装企业到这里展现风采，在意大利和整个欧洲都产生了巨大反响。杉杉还设想，在中央政府和商务部的支持下，让世界四大时装周与中国对接，北京—纽约、上海—巴黎、大连—伦敦、宁波—米兰，让民族品牌"走出去"，让国际品牌"走进来"，在更高层面上推动中国纺织服装行业的提升，构筑真正的21世纪"新丝绸之路"。

一家阳光企业，应该积极承担社会公益和慈善责任，共襄义举，同献爱心，为构建和谐社会贡献绵薄之力；同时坚持做强做大的战略目标，以自身的强大为社会创造更多共有共享的财富。

阳光，赋予我们力量；阳光，是杉杉执着的追求。

三、反对"官本位"

不做胡雪岩，是郑永刚的原则。这个骨子里有着叛逆精神的人，对"官本位"有着本能的痛恨。因为反对"官本位"，杉杉宁愿放弃很多唾手可得的机会。"杉杉是我从一个濒临破产的企业中抢救出来的，没几年我就把它做起来了。我是蚂蚁的时候都很厉害；当我是甲鱼的时候，他们已经踩不死我了，一踩就要摔跤了。这就是蚂蚁和甲鱼之间的关系。我是从小蚂蚁迅速成长为甲鱼的。"

郑永刚有自己的坚持："我跟任何一方的领导，私交是绝对好的。只要我到的地方，当地领导没有和我搞不好关系的，除非他是贪官。因为领导的需求不单单是金钱，还有一种精神的需求。跟我一起探讨问题，第一，真实；第二，有东西；第三，我毫无顾忌，对朋友我是真诚的。所以初次接触，有些领导忌惮我；但是一旦熟了，就没有这种感觉了，我很简单呀。但是我有一条：从来不找他们麻烦，我无所求。有些领导我们私交挺好，但是要从我这儿拿什么好处，那是不可能的，我是风不进雨不出的。"

所谓"官本位"，是指社会价值观是以官职来定位的，官大的社会价值高，官小的社会价值低，与官不相干的职业则比照"官"来定位各自的价值。杉杉有不少官至正厅、副厅的"下海"干部，但他们并没有带来官场文化，而是自觉地接受独立独行的"杉杉文化"。郑永刚认为，他随总理出访欧洲，是社会义务，并不是一件值得炫耀的事。企业文化就是个性文化，别人做不到的，才是个性。杉杉久盛不衰的精髓就在这里。

同样，在企业内部，郑永刚一直旗帜鲜明地反对"官本位"。

　　腐败现象已成为文化的组成部分，不良文化在蔓延。有点像官场了，越不赚钱的地方越讲排场，这是意识形态问题，要给自己革命。艰苦创业，反对摆谱，这一点要坚持。

　　老总是赚钱的，不是花钱消耗的，最大的老总赚最多的钱。做企业关键是思路，政治路线确定后干部就是决定因素。

　　杉杉控股公司这一块，将来人员越来越少，要求越来越高，地位越来越低。第一，这不是官僚机构，是权力与服务的结合，是服务机构。第二，这是管理机构，核心是资产。控股公司有五项职能：投资决策、发展思路、资产控制、制度创新和企业文化。第三，这里没有官，每个人都要干具体的事，不能光派工、光落实下去，一定要做具体工作。

作为一个"叛逆者"，杉杉赶上了一个好时代；但郑永刚也有无奈，落户上海近十年后他发出感慨："从财富、智慧来看，我融入了上海的主流社会，但我融入不了上海的主流文化。"

四、认真做事　踏实做人

杉杉一贯倡导认真做事、踏实做人。2011年7月15日，在浦东国际培训中心举行的杉杉2011年研修生结业典礼上，杉杉董事局主席郑永刚就曾送给大家六句话。

第一句话：人才需要到基层去磨炼，深度往往比高度更重要。基层的工作往往能使人快速成长，郑永刚在创业初期曾一家一户拜访客户，听取意见，正是这些基层的工作，使他了解了市场，为创新打下了基础，是杉杉成为中国第一西服的前提。

第二句话：要干实事，要调整好心态，要做好规划。郑永刚认为自己是一个对人生很有规划的人，知道什么阶段该做什么事情。人最怕浮躁，一个成功的人，在有了规划后，必须耐得住寂寞，脚踏实地地做事，终会有所成就。作为新人，最重要的是要沉淀内心，静下心来学东西，这样才能不断成长。

第三句话：要有目标，要不断坚持，不断努力。人只有有了目标，才会有不断前进的动力，哪怕在自己十几岁从军的时候，郑永刚也为自己定下入党、做班长的目标。

第四句话：要有专业精神，要专注做好一件事情，要把事情做扎实。

第五句话：学会做人。郑永刚说，人要想受人尊重，必须在社会中有所创造，实现价值。在处事上，要得饶人处且饶人，学会包容、合作、奉献，要正直。

第六句话：要沉淀下来，因为人生需要积累。要好好工作，不要怕苦怕累。①

这些话正是郑永刚为人处世态度和工作作风的真实写照，让人深刻地感受到了他所具有的大气、宽容、正直的品格，一如杉杉企业是一家堂堂正正、俯仰无愧的企业一样。郑永刚以身作则，将一身正气渗入企业的血液之中，并使其成为每个杉杉人的信仰，也让每一位杉杉新人受益匪浅并踌躇满志地工作、生活着。

五、重视教育

尊师重教是中华民族的优秀传统，杉杉在小有成就时就开始报效乡梓，继承传统。1994年，杉杉在宁波师范学院设立奖教金，奖励每年评出的优秀教职工，意在唤起全社会重视教师、支持教育的风气，在全社会都比较重视科技人才和经济、法律人才时，突出个性地向全社会呼吁，重视培养中学教师的摇篮——师范学院。

1995年，宁波的经济迎来了一个发展期，以杉杉、雅戈尔等企业为代表的品牌带动着宁波企业创名牌走市场化道路，各行各业、大小企业和品牌如雨后春笋般破土而出。经济的繁荣带动了广告业的迅猛发展，据统计，当年属于中等规模城市的宁波，各类广告公司有数百家之多。但广告专业人才的奇缺困扰着广告业，那时持有广告从业资格证的人员特别吃香，广告公司相互争相竞聘。

此时，全国范围的综合性大学为适应形势，培养社会急需人才，纷纷创办广告传播专业。当时中国的大学里几乎没有广告专业，只有极少数的高校如厦门大学设有此专业，厦门大学广告系毕业生走上社会后非常吃香，仿佛背着一块闪闪发亮的金字招牌。

杉杉的创名牌之路完成于短缺经济年代，第一桶金赚得满满的。公

---

① 佚名：《认真做事　踏实做人——郑永刚深情寄语杉杉新人》，杉杉网，2011年8月1日，http://www.shanshan.com/xinwen/News_Info.php?News_Id=78。

司的企业形象策划部在宁波找不到充足的人才，只能在全国范围找。杉杉意识到公司发展对人才的需求，而人才培养的关键是教育。而此时，宁波大学也有创办广告传播系的设想，双方便一拍即合。

宁波大学是宁波市唯一一所设有本科以上教学和专业门类较多的综合性大学，1986年由世界船王包玉刚先生捐资创立，邓小平同志亲自题写校名。学校在发展过程中，包玉刚、邵逸夫、曹光彪、李达三等海内外"宁波帮"人士和王宽诚教育基金会给予了大量捐助。学校积极倡导浙东学派"实事求是、经世致用"的治学精神，牢固树立了为地方经济社会发展服务的理念。

经杉杉集团与宁波大学商议，决定由杉杉出资，由宁波大学中国文化研究中心来组建广告传播系。该系于1995年创建成立。这不仅体现了大学"经世致用、服务地方"的思想，同时也反映出企业重视教育事业，回报社会的品德。

宁波大学广告传播专业的设立在当年的教育界和经济界起到了积极作用，影响深远。此后，这个专业不断发展，逐步演变为今天的艺术与传媒学院。现在的学院在读学生近千人，成为学校排名前列的学院，每年毕业的学子走向社会、服务社会，为宁波和各地经济发展不断地贡献智慧和才华。

六、人才战略

优秀的员工是杉杉最宝贵的资产，杉杉为员工提供良好的工作氛围、培训和发展机会。

杉杉重视人才团队建设，坚持培养、引进"两条腿走路"，培养忠诚、优秀、认同杉杉企业文化的人；引进有才干、能够合作的一流人才。

杉杉坚持人才培养的国际化思路，企业员工要有全球化和国际化的意识和理念，接受国际化的规则，坚持与国际化技术、品牌合作，为我所用。

杉杉坚持以事业、以感情、以待遇留人，完善对员工的激励机制，提升员工对杉杉文化的认同，帮助员工成长。

第三章　罗蒙集团

第一节　走进罗蒙

一、企业简介

罗蒙集团股份有限公司简称罗蒙集团，是国家工商总局（现为国家市场监督管理总局）核准的全国性、无区域、跨行业、现代化的著名大型服装企业集团。集团主导产品罗蒙西服年销量居全国第一，西服在国内市场综合占有率排名第二。罗蒙集团是我国西服出口量最大的企业，已累计出口西服500多万套（件），出口量国内名列第一。2019年，罗蒙集团营业收入为922038万元，荣登"2020宁波市综合企业百强"和"2020宁波市制造业企业百强"。罗蒙集团入选2020中国制造业民营企业500强。2020年12月，罗蒙集团入选工信部重点跟踪培育纺织服装品牌企业名单。

罗蒙集团始创于1978年，初期以设计、生产和销售中高档西服、衬衫及系列服饰为主，历经40多年的发展，现已发展成涉及时尚服饰、乐园、酒店、地产开发、国际贸易等多个领域的大型股份制企业集团。

罗蒙始终将"儒雅、正直、向上"的文化传递给世界。罗蒙传承百年红帮精湛技艺，现已成为"非物质文化遗产传承基地"。

罗蒙集团坚持"以人为本"的发展理念，通过在海外设立研发设计机构及聘请国际水准的设计大师挂帅国内服饰设计中心，不断引进一流的系列服饰打版师和工艺师及内、外贸经营管理人才，组成了一支高素质的设计、技术、经营队伍。

罗蒙集团坚持"科技创新"的生产理念，为确保罗蒙产品高起点、高品质，先后从意大利、法国、德国、日本、瑞士等国引进先进设备，有日本的自动电脑上袖机、剪切攀钉机、PMM衬衫整烫设备，意大利的仿手工制边机，德国的杜克普AFPW235自动开袋机、CAM自动裁床，瑞士ETON自动吊架系统等现代设备，结合"红帮"传统工艺，成功实现罗蒙的跨越式发展。

罗蒙集团坚持"三位一体"的销售模式，在以高投入、高技术打造服装制造基地的同时，以"创新""质量""文化""学习"为品牌支撑点，致力于营销网络体系建设，在全国以直营、联营加盟等形式开设了专卖店、商场专柜（厅）等千余家。罗蒙品牌创新发展，结合自身优势和市场发展动态，开启新零售时代。罗蒙立志扛起"中国质造"的大旗，向着更年轻、更时尚的方向发展，走"成衣+定制"两条线，不断焕发新活力，唤起国民对男装的时尚态度的认知。全新的罗蒙为客户带来更好的购物体验，根据产品风格，可以细分为以正装为主的雅致正装系列、以休闲装为主的都市生活系列和以贴近国际时尚流行元素为主的轻潮风尚系列。一家家全新的罗蒙实体店正陆续在全国缤纷绽放，罗蒙人正以实际行动匠心演绎新时代红帮服饰艺术，开启中国服装业新风向标。

罗蒙的奋斗目标是：做中国服装界最强最大的现代化企业集团，成为世界服饰生产王国。

罗蒙的发展战略是：面向现代化，面向国际，以罗蒙品牌为核心竞争力，坚持以服装为龙头，同时坚持多品牌、多元化发展，在做大做强服装业的基础上，向其他产业横向发展。

　　罗蒙的市场战略是：在国内市场，第一，要调整观念，求得新突破，建立更广阔、更稳固的市场网络，提高罗蒙西服的全国市场综合占有率。第二，利用集团ERP信息工程，全面实施罗蒙全国市场信息化建设工程和电子商务业务，逐步实现更加规范、先进的产品设计，以及营销管理信息化、产品销售和售后服务信息化等。第三，不断提升品牌形象和企业形象，提高服务水平。在国际市场，罗蒙将大踏步走向世界，参与全球竞争，进一步扩大在欧洲、美洲的市场份额，有选择地兼并收购国际服装企业和国际著名品牌，加快罗蒙的国际化步伐。

罗蒙总部大楼（图片来源：余赠振摄）

　　罗蒙的多品牌战略是：实施品牌多元化，不断丰富罗蒙的品牌内涵，提升品牌形象和品牌知名度。通过整体规划，最终实现做中国最大、最强的服装企业和占据领导地位的国际化、现代化大型企业集团，进而跻身世界著名企业之列。

宁波南部商务区罗蒙环球城

二、企业荣誉

1985年，罗蒙服装被评为上海"优质产品"。

1986年，罗蒙服装再次被评为上海"优质产品"。

1988年，罗蒙牌男大衣荣获部"优产品"称号。

1989年，罗蒙牌西服获"全国城乡十年改革民用产品精英奖"。

1990年，企业被农业农村部评为先进单位，罗蒙牌男西服被中国纺织工业部评为"部优产品"。

1991年，罗蒙西服以"漏检率为零"被国家技术监督局通报表扬，列全国毛呢西服质量抽检第一名。

1994年，罗蒙集团被浙江省列为"五个一"工程企业，罗蒙西服摘取首届"中国十大名牌西服"桂冠。

1995年，罗蒙牌西服套装经国家技术监督局市场抽查，获西服类质量第一名。

1996年，罗蒙被列入"八五"期间全国重点服装名牌产品。

1998年，罗蒙西服荣获"98年中国十大著名男装品牌"称号。

1999年，罗蒙牌西服被推荐为1999年重点大型零售企业市场畅销主导品牌，罗蒙集团为公安部设计的人民警察新警服荣获一等奖，罗蒙集团荣获第二届中国时装文化奖。

2000年，罗蒙西服被评为"20世纪中国服装市场成长最快十大品牌"，罗蒙西服被法国科技质量监督评价委员会推荐为高质量科技产品，并列入向欧盟市场推荐产品名录，荣获"中国时装文化奖"和"最佳男装设计奖"。

2001年，罗蒙品牌被冠以"2001最具时尚男装设计品牌"称号，罗蒙被列为中国最大经营规模企业之一、中国最高利税企业之一、中国最大出口创汇企业之一、中国缝纫机行业最大经营规模企业之一、"浙江名牌"西服，罗蒙西服被国家服装质量监督检验中心评为优等品，罗蒙西服被推荐为"2001年高级成衣著名男装品牌"。

2002年，罗蒙牌商标荣获"中国驰名商标"称号，罗蒙牌西服在由中国服装协会男装委员会和国家服装质量监督检验中心举办的全国西服检验活动中荣获优等品，被评为"中国2001年度最受消费者欢迎的男装品牌"。

2003年，罗蒙西服被国家服装检验检疫总局评为综合分第一，荣获"中国名牌"称号，罗蒙牌男式休闲装荣获"2002年度全国市场同类产品十大畅销品牌"。

2006年，罗蒙西服荣获中国行业标志品牌。

2008年，罗蒙牌男衬衫位列2007年度全国市场同类产品五大畅销品牌，罗蒙牌男西服荣列2007年度全国市场同类产品销量第二名，市场综合占有率第二位。

2009年，罗蒙衬衫、夹克蝉联全国优等品，罗蒙西服连续6年在全国综合市场占有率及同类产品销量榜上排名第二。

2010年，罗蒙西服连续10年荣获优等品，特授予"质量卓越企业"称号。

2012年，罗蒙集团入选"中国民营企业制造业500强"。罗蒙品牌同时获得"全国最具价值民营男装品牌五强"和全国最具价值民营品牌百强，罗蒙牌男衬衫销量荣列同类市场销售前10名，罗蒙牌男西装荣列市场综合占有率前5名。

2014年，罗蒙品牌被授予"浙江省知名商号"，罗蒙集团被评为"中国职业装领军企业"，"ROMON罗蒙"牌男西服套装在行业检测中被评为优等品。

2015年，罗蒙集团被授予"浙江省制造业百强企业"，"ROMON罗蒙"牌衬衫在2015年行业检测中被评为优等品。

2016年，罗蒙品牌荣获"2015年度十大男装品牌"称号，罗蒙集团被授予"2015年度宁波市纳税50强"荣誉称号，罗蒙集团荣获"全国服装行业百强企业"称号，罗蒙集团正式获得《商品售后服务评价体系》（GB/T27922—2011）五星级服务认证。

2017年，罗蒙男西装、罗蒙男衬衫均荣列全国同类产品市场销售领先品牌，罗蒙成功入选"CCTV中国品牌榜"并亮相中央电视台《致匠心》纪录片，获得"中国品牌100强""中国（行业）十大影响力品牌""全国售后服务行业十佳单位"等荣誉。

2018年，罗蒙集团荣获"2017诚信中国（行业）十大守信品牌"和"中国改革开放四十年（行业）十大领军企业"称号，罗蒙荣获2017年销售领先品牌、罗蒙男西装市场综合占有率连续20年销售领先品牌称号，罗蒙男衬衫市场综合占有率连续5年领先；在"丝路论坛"上，罗蒙入围2018丝路经纬行业影响力榜单，喜获改革开放40周年纺织服装行业二十大贡献品牌；罗蒙入选全国重点跟踪培育纺织服装品牌企业名单；罗蒙集团荣获中国职业装产业发展功勋企业奖；罗蒙牌衬衫和西服全国销量均名列前10位；罗蒙被评为中国消费品市场高质量发展优选品牌。

2020年，罗蒙集团荣获"2020宁波市综合企业百强""2020宁波市制造业企业百强"称号，入选2020中国制造业民营企业500强（第488位），被评为重点跟踪培育品牌。

2021年，罗蒙品牌入选"2021中国纺织服装品牌竞争力优势企业名单"。

2022年，罗蒙荣获"2021年度中国消费品市场销售领先品牌"，并荣获"30年连续20年及以上中国消费品市场销售领先品牌"。

三、企业标识释义

罗蒙标识（图片来源：szthekey.com）

罗蒙（ROMON）品牌商标的识别图形有着欧式华贵的韵味，与"服装艺术家"定位及"创世界名牌 走国际化"的经营战略相匹配。

罗蒙门店广告

鄞州万达广场罗蒙门店

第二节　罗蒙创始人盛军海父子

一、人物简介

盛军海，男，汉族，浙江奉化人，1949年8月出生，1981年6月加入中国共产党，现为罗蒙集团股份有限公司党委书记，曾获全国纺织工业劳动模范、省劳动模范、省优秀共产党员、省优秀乡镇企业家、宁波市优秀共产党员、宁波市优秀企业家等荣誉称号。

盛静生，男，1971年10月出生，浙江大学经济学研究生，北京大学EMBA课程高级研修班毕业生，高级经济师，现任罗蒙集团股份有限公司董事长、全国工商联执行委员、中国服装协会男装专业委员会副主任委员、浙江省政协常委、浙江省工商联副会长，宁波市、奉化区政协常委，奉化区工商联副会长。

盛静生以其不凡的业绩获得了各种褒奖：1998年被评为"宁波市优秀乡镇企业家""浙江省杰出民营企业家""宁波市十大优秀青年"。2000年被评为"20世纪中国服装行业最具影响力企业家"。2001年被宁波市总工会、宁波市劳动竞赛委员会授予"宁波市劳动模范"称号，获"浙江省十大杰出青年"荣誉；2002年6月，被中共浙江省委统战部、浙江省工商业联合会授予"浙江省非公有制经济杰出企业家"称号，并当选为浙江省工商业联合会副会长；7月，被授予"2001年度中国服装十大领袖企业家"称号；9月，被浙江省光彩事业促进会授予光彩事业金质奖章。2003年1月，当选为浙江省政协第九届常委。2004年12月，获浙江省优秀中国特色社会主义事业建设者荣誉称号。2005年12月，被授予中国纺织功勋企业家称号。

盛静生执掌帅印后的罗蒙也获得了一系列新的荣誉：1999年，罗蒙牌西服被国家贸易部、中华全国商业信息中心推荐为1999年重点大型零售企业市场畅销主导品牌，罗蒙集团为公安部设计的人民警察新警服荣获一等奖，罗蒙牌西服荣获"99中国最佳男装设计品牌奖"，罗蒙集团荣获第二届中国时装文化奖。2000年，在第八届中国国际服装服饰博览会上，罗蒙西服被评为"20世纪中国服装市场成长最快十大品牌"；同年，罗蒙西服被法国科技质量监督评价委员会推荐为高质量科技产品，并列入向欧盟市场推荐产品名录；12月在第四届中国国际时装周上荣获"中国时装文化奖"和"最佳男装设计奖"。2001年7月，罗蒙被中国乡镇企业协会列为中国最大经营规模企业之一，中国最高利税企业之一，中国最大出口创汇企业之一，中国缝纫机行业最大经营规模企业之一；8月，罗蒙西服被中国服装协会、中国国际服装服饰博览会组委会推荐为"2001年高级成衣著名男装品牌"。2002年2月，罗蒙牌商标荣获"中国驰名商标"称号；11月，在全国西服检验评比中罗蒙西服被评为优等品，被中华全国商业信息中心、中国百货商业协会、《服装时报》评为"中国2001年度最受消费者欢迎的男装品牌"。2003年9月，罗蒙西服被国家服装检验检疫总局评为综合分第一，荣获"中国名牌"称号。2022年，罗蒙荣获"连续20年及以上中国消费品市场销售领先品牌"。

二、创业经历

　　奉化江上游剡江沿岸的江口镇（今为江口街道），是我国近代最著名的服装流派——红帮裁缝的发祥地。19世纪末至20世纪30年代，这里曾经诞生过不少服装名师，如创办中国第一家西服店的江良通、为资产阶级革命家徐锡麟制作中国第一套西服的王睿谟、开设中国首家上规模的服装企业——荣昌祥呢绒西服号并为孙中山制作了第一套中山装的王才运、抗日战争期间创办华商被服厂生产军服支援前线的王宏卿等。20世纪70年代末，沐浴着改革开放的阳光雨露，在江口这块孕育红帮裁缝的沃土上，罗蒙应运而生。经过40多年的奋斗，如今的罗蒙已经成为一个逐鹿华夏、扬名海内外的大型服装企业集团，其领军人物就是盛军海、盛静生父子。他们继承和发扬了艰苦创业、勇于拼搏、追求一流、永不停步的红帮精神，同时，也又一次证明，"发展是硬道理"，创新是发展的推动力。

（一）加工起家

　　20世纪80年代初，在不断升温的西服热中，江口镇政府决定发扬江口服装之乡的传统，借助从上海"告老还乡"的红帮老师傅的手艺和他们在外地的关系，创办一家服装厂。厂长人选经过四处物色，最后敲定了盛家村勤劳俭朴的农民盛军海。

　　这家取名为"罗蒙"的西服厂在成立之初一无所有，困难重重。西服厂借用了当时公社食堂的一间200平方米的闲置房做厂房；起步资金或向职工筹措，或向亲戚朋友暂借，或向信用联社贷款，总共筹集到2万元；缝纫机、电熨斗全靠职工自带；技术上，请告老还乡的红帮老师傅传、帮、带；业务上，利用师傅的人缘关系到上海找门路，为上海最著名的服装公司——培罗蒙做加工。上海培罗蒙是当时全国西服业的冠军。为培罗蒙做加工实非易事，其在技术、质量上的要求实在是太高了。但困难也成就了盛军海，他一起步就确立了把产品质量与企业生命连在一起的观念。为了达到名牌服装的质量要求，盛军海废寝忘食，日日夜夜泡在厂里抓质量。盛家村近在咫尺，但盛军海半个月、20天不回家是常事。当时，一厂之长的盛军海每月工资仅28元，而把关师傅的月薪却高达1000元，相差几十倍。

盛军海的努力终于有了回报。罗蒙加工的服装以做工精细、衬头挺括、烫工到家、款式新颖、面料讲究等优点，赢得了消费者的青睐，一炮打响，1985年和1986年连续两年被上海市黄浦区服装公司评为优质产品。这两年厂里的产值翻了两番，实现利润150万元，挖到了第一桶金，改善了办厂条件。

盛军海办厂精打细算，非生产性开支能省就省，为的是积累更多资金，扩大企业规模。他经常亲自送货到上海，住防空洞招待所、吃粗茶淡饭，有时甚至饿着肚子干活，曾经多次昏倒在火车站。盛军海就是这样以身作则，带领39名职工艰苦奋斗，克服了创业之初的种种困难，为以后罗蒙的发展铺下了第一块基石。

（二）创牌兴业

1986年下半年，西服热开始降温，与罗蒙合作的上海培罗蒙服装公司提出将合作形式由包销改为经销。这样，罗蒙至少有2/3的业务得由自己解决，迫使罗蒙必须走自己的路，创自己的品牌。

如何创立自己的品牌？盛军海向全体员工发出了创牌宣言：立足红帮优势，借助国外先进技术，创"超一流"的品牌。为此，他经过深思熟虑，决定三管齐下：第一，从面料、工艺、款式等方面取国内名牌服装之长，一招一式地学。第二，聘请董龙清、陆成法等红帮传人来厂指导生产，提高产品质量。第三，精打细算，降低成本，提高市场竞争力。

三管齐下，立竿见影，罗蒙品牌迅速声名鹊起。1987年，罗蒙牌西服被宁波市评为优质产品，男士大衣被农牧渔业部评为部优产品。1989

年，罗蒙牌男西装被评为浙江省优质产品；1990年，又被评为部优产品；同年，罗蒙以"规格准确，造型优美，缝制精细，漏检率为零"的优势，获得全国毛呢西服类质量抽查第一名，受到国家技术监督局的通报表扬。至此，罗蒙在服装市场初步站稳了脚跟。

1991年，市场上开始流行"轻、薄、挺、软"的现代风格西服。盛军海审时度势，跟上潮流。他想方设法筹集资金2000万元，建造了3万平方米的新厂房，引进先进的生产流水线，提升企业的档次和实力。1993年，为解决后道工序出现的难题，罗蒙又投入1500万元，购置了意大利立体整烫流水设备和面料预缩机。1995年，罗蒙又从德国、意大利引进一批特种服装设备，使罗蒙生产的西服又提升了一个档次。在整个国家"八五"规划期间，罗蒙共投入1亿元巨资，进行了4次技术改造。漂亮的厂房、现代化的生产设备、响当当的服装品牌，引起了国际客商的关注。当时两家日本客商想收购罗蒙，一家法国客商欲出高价买下罗蒙商标，但均被盛军海婉言拒绝。

随着罗蒙在国外的扬名，外商开始寻求与罗蒙合作合资办厂。1992年，罗蒙与日本三泰衣料株式会社共同投资122万美元，开办了中日合资宁波罗蒙三泰时装公司。1993年，罗蒙购入中美合资富贝特制衣公司的40%股权。至1994年，盛军海采取"借船出海"战术，总共办起了10家合资企业，是年罗蒙出口交货值接近亿元大关。1996年，打着罗蒙牌商标的400套西服出口美国，受到美国客商和消费者的青睐，开了民族品牌服装打入美国市场之先河，被国人引为骄傲。

盛军海对打造罗蒙这艘巨轮所做出的里程碑式的贡献是在1994年，罗蒙以"质量分第一、总分第二"的佳绩，摘取首届"中国十大名牌西服"的桂冠。有了这个中国西服界的最高荣誉，罗蒙确立了在中国西服业中的地位，也坚定了今后努力进取的方向。

由于事业上的成功，盛军海在社会上的知名度和声望日益提高，获得了诸多荣誉：奉化市、宁波市人大代表，宁波市优秀企业家，浙江省优秀共产党员、优秀企业家，全国纺织工业劳动模范……盛军海领航的企业和产品也获得了一系列美誉和褒奖。

（三）后生可畏

1998年，盛军海急流勇退，把长子盛静生推到前台出任罗蒙总裁。盛静生当年只有28岁，他在18岁高中毕业后进入罗蒙西服厂任营销员，其间边工作边学习，两年后获得中央党校函授学院经济学大学文凭；20岁担任经营科长；21岁独立管理一家服饰辅料公司；25岁创办中日合资三盛纺机公司，任董事长兼总经理，并以出色的表现和业绩被评为"奉化市十大杰出青年"；此后，他又到浙江大学攻读经济学研究生，入中央党校进修，获得北京大学EMBA高级研修班毕业证书。

古语云："后生可畏。"盛静生在执掌罗蒙以后，敢于创新，与时俱进，不断把罗蒙事业推向新的高峰。他主要抓了如下几件大事。

第一，改革体制。盛静生认为，罗蒙要有更大发展，必须改镇办企业为股份公司。他一上任就将10余家核心企业紧密地联合在一起，成立集团股份有限公司，同时打破家族企业管理模式，采取制度化、规范化、程式化的管理方式，提升了企业形象、经济效率和经济实力。

第二，改善设备。在改制完成后，盛静生筹资8000万元改造流水线装备。公司引进了日本的电脑上袖机、剪切攀丁机，意大利的仿手工制边机、面料预缩机、立体整烫机等国际一流的生产专用设备。2001年，他又投入3600万元，从德国、法国、意大利、瑞士引进300多套国际一流智能化精品西服制作设备，红帮传统工艺与现代化高科技设备制作工艺完美结合，保证了西服300多道制作工序达到高标准，实现了罗蒙西服制作史上的一场技术革命，对罗蒙的发展壮大产生了深远的影响。

第三，网罗人才。工在机，艺在人，提升产品档次关键还在于人。有鉴于此，盛静生一方面加紧培养自己的设计师、制作师，一方面出重金聘请了国内外顶级设计师加盟。在罗蒙，红帮传人与来自日本、意大利、韩国的服装设计名师同处一室，各运匠心，各展所长，开创了罗蒙西服设计与制作的新天地。盛静生采纳设计师提出的生产服装要体现人格化的建议，从意大利引进3套价值近300万元的电脑激光量体设备，率先在北京等三大城市开展定制高档绅士西服业务，并建立了客户电脑档案，在三年中发展了10万名终生客户。这一举措为罗蒙成为中国最大的职业服装生产基地之一打下了基础。仅此一举，罗蒙便取得了销售额达1.5亿元的业绩。

第四，革新销售。上任不久，盛静生大刀阔斧改变过去由门市部加分公司的传统销售模式，构筑专卖店、店中店、代理商"三位一体"的市场销售体系，以点带面，扩大罗蒙产品的辐射半径。为此，他一刀砍掉了6个年销售额不到200万元的分公司，让其被大公司兼并，并实施每年10%淘汰率的竞争机制。同时投入5000万元资金，实施"三个一百"营销管理工程，即在全国新开100家专卖店、100座专卖厅、100个代理商。如今，罗蒙在全国已有186家销售分公司、30多家旗舰专卖店、2000余家专卖店厅，终端市场遍布全国所有省区市的250多个大中小城市。并通过企业资源计划（ERP）改进管理体系，建立了规模大、网络管理健全的市场运行体系。完善的市场销售网络和营销运作机制，使罗蒙服装综合市场占有率名列全国第二。同时，罗蒙在美国、德国、意大利、法国、日本等国设立分支机构，罗蒙商标已在美国、法国、德国、意大利、韩国、澳大利亚、英国、新加坡等几十个国家和地区注册，累计出口罗蒙牌西服600万套。

第五，提升品牌。盛静生接任总裁以后，采取了一系列的措施，使罗蒙品牌的知名度上升到新的高度。一是重金聘请国内顶级服装设计师刘洋担任企业总设计师，以名师来加工名牌，打造精品服装。二是成立罗蒙服装研究中心，以先进理论指导生产实践，将理论成果转化为产品成果，开发了几百个新款时尚产品。三是广纳先进的技术和管理，与意大利著名服装设计师挂钩，成立男装设计工作室，与国家服装设计中心和服装质量总监督中心联姻，解决质量技术难题；与韩国大邱金佑仲女装公司合作，成立女装设计工作室；请美国著名品牌策划公司——科尔尼为罗蒙进行全方位战略策划，全面提升罗蒙的品牌形象。四是利用明星效应，先后聘请著名影星濮存昕、歌星刘德华出任罗蒙形象大使，聘请香港影视巨星方中信出任罗冠（罗蒙二线品牌）形象大使，风度翩翩的明星和潇洒大气的罗蒙服饰珠联璧合、相映生辉，进一步提高了罗蒙服饰知名度和吸引力，为企业带来了可观的效益。五是举办"罗蒙服饰万里行"活动，2000年在全国20多个省会城市展示罗蒙服饰的风采。

"罗蒙"现为美国、法国、意大利、俄罗斯、日本等20多个国家的注册商标，为中国驰名商标、中国名牌。

"创世界名牌，走国际化"，实行"多品牌经营、多元化发展"是罗蒙集团的一大战略。集团旗下已有"罗蒙"（男装）"ROMON"（女装）、"LUOGUAN"（罗冠）、"XLMS"等品牌。罗蒙集团通过罗蒙品牌代工（OEM）模式与国际大企业集团强强合作，加快国际化步伐，跻身世界著名服装品牌企业行列。1996年8月,400套罗蒙品牌西服进入美国市场，在中国服装史上开了以中国品牌西服打入美国市场的先河，也标志着罗蒙的产品参与国际市场竞争进入了一个新阶段。从此以后，罗蒙品牌在以日本等亚洲市场为主要出口市场的基础上，快速进入美洲、欧洲、澳洲和中东市场，与7个著名大公司、大品牌进行战略合作，出口服装量每年以30%的速度递增，出口成为罗蒙新的经济增长亮点。到2005年，已累计出口西服600万套，销售额达8000多万美元，位居全国第一。

盛静生这样评价当今罗蒙的竞争实力："罗蒙的硬件装备，大大提高了品牌含量，产品质量也走上了一个新的台阶，西服制作的关键硬件可与世界上任何一家品牌企业共相匹敌。"他又说："我们的目标是力争成为中国西服第一品牌，世界一流品牌。"

西装是一种西方舶来品。让外国人喜欢中国出口的西装，就像让中国人喜爱外国进口的中式服装一样，难度很大。罗蒙西服为什么能受到外国人的青睐呢？盛静生的回答是："罗蒙西装是包容型的，在西方工艺基础上做出了东方文化的味儿。"1999年底，日本三轮株式会社社长三轮英雄来中国参加一位朋友的婚礼，他与同行的10多位男士都穿着罗蒙西服。他说："来中国参加朋友婚礼，穿罗蒙西服最时尚。不过，我们在日本参加一些重要活动，也常常穿罗蒙西服。因为东方人穿具有东方文化气息的西服，神气！"

2000年2月8日，一次国际性的时装盛会——中国国际时装周在北京民族文化宫隆重开幕。大幕拉开，首场服装演示就是罗蒙推出的"融2001春夏男装"，赵京男、姜培林、蒋薇薇领衔的50余名中外名模闪亮登场，展示了罗蒙的160余套系列服饰，赢得了来自国内外服装界人士的称赞。时装周评委、法国高级女装工会主席富尔德·露蒂、日本服装专家佐藤典子、联合国教科文组织服装干事威尔马·莱哥略等特意向罗蒙总裁盛静生表达了祝贺，并高度评价罗蒙服饰，他们称赞"这是中国最好的服装展示"。

经过罗蒙两代人的努力，罗蒙商标无形资产总值已超过30亿元人民币。在辉煌的成绩面前，罗蒙人继续迈开大步，昂首前进。

第三节　罗蒙的企业文化

一、美化生活、贡献社会

罗蒙集团股份有限公司以"美化生活、贡献社会"的特有企业文化凝聚了万余名高素质的中外员工，通过整合组合、传承创新，创造了中国服装界十二项"第一"。

罗蒙集团公司十分注重企业文化建设，不但全面、系统地构建了道德文化体系、培育了企业精神、营造了企业文化环境、强化了培育机制，而且不断探寻具有自身特色的企业文化发展道路。20多年前，罗蒙的创业者以2万元起家，靠艰苦奋斗，一步一个脚印，逐步形成了今天的"罗蒙精神"。

在创业过程中，罗蒙的决策者始终把培育罗蒙的精神文化放在首要地位，使罗蒙精神深深植根于每一个罗蒙人的心中。公司在党委的组织下，坚持不懈地开展"做罗蒙人，创罗蒙业""争中国领先，达世界一流"的理念教育，并通过完善企业的各项规章制度，如制定《员工手则》《敬业手册》《思想道德行为规范》等，要求员工"敬业爱岗，甘于奉献，遵守社会公德和职业道德"，培育了罗蒙人积极向上的创业精神。

在罗蒙，以人为本、充分重视人的因素，被视为事业成功的首要条件；尊重人格，实行人格化管理，是一切工作的出发点；良好的人本文化是长久保持核心竞争力的根基。罗蒙公司女职工占95%以上，公司妇联部门为保护好妇女的权益并充分调动所有职工的积极性，经常开展多样化的活动，如"我为企业献一策""一名党员一面旗帜""做一名罗蒙好员工好干部""团员党员一帮一""争当生产经营先锋""创青年文明号岗位"等，并开展周末舞会、举行拔河比赛、演讲比赛、歌咏比赛、书法比赛、妇女"四自"保护、法制讲座等，极大地提高了企业的凝聚力、向心力和亲和力。

20多年来，罗蒙一直注重员工素质文化建设，经常委派技术骨干及中层干部到国内外学习先进的管理技术。同时，在企业内举办人本管理讨论会和技术管理培训活动，举行双学双比、技术大比武、巾帼建功等激励员工的评优活动，倡导每一位员工都善于运用自己的头脑和智慧，创造性地工作，抓住机遇、提高技能、与时俱进、打造自身，不断提升员工的文化素质，保证企业具有强大的竞争力。

二、爱国爱乡

红帮裁缝有爱国爱乡的优良传统。江良通、王才运等杰出人物都曾在家乡参与了多项公益事业，造福桑梓，惠及百姓。盛氏父子也是如此。

盛静生说："企业发展，能赚到钱，离不开党的改革开放政策，离不开社会各界和父老乡亲的支持和帮助，离不开全厂职工的共同努力。理应取之于民，用之于民，回报社会。"据不完全统计，自1994年至2012年的18年间，罗蒙两代掌门人为社会教育事业、扶贫济困、老人福利、慈善事业、长江救灾等捐资已超过3800万元，其中为建设江口镇农业现代示范园区，支持慈善事业、残疾人福利事业和市内一些农村修路造桥、扶贫济困、发展特色经济等累计捐资1000多万元；1998年长江流域发生特大洪灾，在盛静生的带动下，公司资助资金和实物250万元；1999年以来，公司为宁波市大学生助学基金会捐资250万元，为贵州丹寨民族中学、奉化中学、江口中学、城北中学等10余所中小学建造教学楼、设立奖学金、添置教学设备，还为浙江大学"爱心助才"工程等捐资300多万元。

盛氏父子对集团职工也是关爱有加，3000多名职工参加了农村养老保险、社会保险和医疗保险。仅此一项，每年就支出600多万元。职工生病或家庭出现经济困难，公司总是热情相助。有位女工患了肺癌，离开公司已有3年，盛静生仍托公司妇联主席去看望她，并送去了3万元钱供她治病。这位女工激动得泪流满面，连称"救命恩人"。由于对扶贫济困光彩事业的巨大贡献，2002年10月，浙江省光彩事业促进会授予盛静生"光彩事业金质奖章"。

三、恪守经营商德，树立企业信誉

商业道德在市场经济中的作用十分重要。罗蒙在创新发展的过程中，一直恪守经营商业道德，把商业道德文化渗透到经营中的每一个环节，在消费者中树立了良好的商业信誉和企业形象。

首先是依法经营，严格遵守各种法律法规，在参与市场竞争时不违法、不违章，合法经营。其次是自觉维护企业的各项合法权益，维护市场经济秩序，自觉配合工商、质监、公安等执法部门打假维权，保护消费者权益。最后是严守信誉，实施诚信管理。如诚实守信，打造行销信用，在营销管理中做到诚信当头，在生产上按时保质保量交货，售前、售中、售后服务切实做到让顾客百分之百满意，在财务管理上用"三不"（不做假账、不造假表、不开假税票）打造财务信用，做依法纳税大户。从1993年到现在，罗蒙一直被浙江省工商行政管理局评为"重合同，守信用"企业，在社会上赢得了良好的口碑。

长期以来，罗蒙一直致力于培养员工的诚信意识，在企业内部已经形成了良好的诚信氛围。罗蒙人在用诚信扛起自己的品牌大旗。

四、顾客第一、耐心细致

集团以"顾客第一、耐心细致"为服务宗旨，依托其遍布全国的市场销售网络，建立了一整套售前、售中、售后的个性化服务和团体定制服务体系。通过建立客户电脑档案，完善客户跟踪系统，真正让顾客百分之百满意。

罗蒙集团采用旗舰店、专卖店、店中店"三位一体"的经营模式，成功实施了名牌战略和国际化战略。通过先进的营销理念运作，罗蒙建立了国内最大最全的服装企业ERP信息系统，拥有在24小时内将ERP提供的信息迅速转换成自己的产品和销售的能力，形成了国内最大规模的销售网络，在全国建立了180家销售分公司、50多家旗舰店、1500余家营销网点，遍布全国31个省区市的200多个大中城市，成为支撑罗蒙品牌发展和参与国内外市场竞争的核心武器，成功实现了品牌战略和国际化战略，同时也为服务好全国团服客户奠定了基础。密集的销售网络对职业装的影响显而易见，在专卖店销售产品的同时，罗蒙的信息化系统会对当地老百姓的穿衣习惯进行数据分析，专业的量体技术人员能更好地结合市场需求进行服务，进一步提高量体的合格率及产品设计的消费者满意度。

五、服务、速度、和谐

罗蒙集团国际职业装中心围绕"服务、速度、和谐"的经营宗旨，为满足部分客户短时间交付服装的要求，在国内率先组建了"快速职业装中心"，通过协调上游供应商，组织公司内部生产部门，联合专业高效的物流公司，在保证所有产品高品质的前提下，从接到客户需求至产品交付仅需要15个工作日，服务能力在国内同行业中遥遥领先。

罗蒙对各职业从业者所处环境进行分析，定期对快速定制服务的产品进行更新，包括面料、款式、职业特性等。快速定制，重要的是保证在15日内满足从订单到出货的需求，要有定期更新的固定成型样衣供客户挑选，省去重复的设计及打版等环节，可直接生产。如客户有特殊要求，可按客户需求略加修改即可生产，以缩短生产周期、节约生产成本并节约客户的资源。同时罗蒙快速定制根据行业的特性定期进行更新设计，提供更合理化的符合人体的服装搭配，在不同的季节，罗蒙都会提供合适的外套、上下装、衣裤裙三件套、饰品等，进行时尚、商务、简约的搭配。无论是金融行业、航空行业、房产行业、电信行业还是政府机关，罗蒙都能快速、标准、专业地服务客户，提供客户所需的职业装定制。

六、细节，是追求 101% 的完美

"细节，是追求 101% 的完美。"为严把质量关，罗蒙建立了一支 300 余人的产品设计及质量技术监督队伍，采用国际通用的 ISO 9001 国际质量认证体系、ISO 14001 国际环境管理标准，由 12 道抽检关、100 名质检员、160 名技术员严格把关，任何一款罗蒙西服都要经过 400 多道工序，而且每道工序都实行质量一票否决制，力争使西服质量达到完美无瑕的地步。连续几年，罗蒙西服被国家服装质量监督检验中心评为优等品，并以"漏检率为零"被国家技术监督局通报表扬，赢得了国内外广大消费者的青睐。

七、用人之道

时下，企业人员流动频繁，有的一走就是一个"班"，更有甚者，员工离职还卷走了技术资料，给企业造成巨大的损失。急需人才又怕人才溜走，成了许多企业面临的突出矛盾。而宁波罗蒙服饰集团公司不但人员相对稳定，而且各类英才越聚越多。要问这是为什么，许多职工都由衷地说：这里有思才、爱才、重才、用才的良好氛围，每个人在这里都有施展才华的广阔天地，谁还会离开罗蒙呢？

激烈的市场竞争使罗蒙的决策者清楚地认识到人才的战略地位。一直以来，罗蒙人始终坚持把引进人才、造就人才、使用人才、留住人才当作企业发展的重要战略来抓，做到了广开"才"路，不拘一格选人才。他们通过向外单位"借"、到大专院校"要"和面向社会公开招聘等多种途径引进人才。这些人才中既有管理人才、技术人才，也有公关人才和宣传人才。如今这些人都已成为公司的骨干力量。如罗蒙在 1993 年引进的一位翻译，当时年龄已近 70 岁，是黑龙江省牡丹江市人，退休后赋闲在家。通过别人介绍，公司总裁盛军海了解到此人从小在日本长

大，不但能说一口流利的日语，而且对日本国情民风等也颇有研究。于是他立即派人"三顾茅庐"，终于将他请来，并在与日商合资过程中发挥了积极的作用。

罗蒙在重视从外部引进人才的同时，还十分注重在公司内部挖掘、培养人才。公司制定了一整套严格的人才考核标准，分发到每个员工，激发员工学技术、钻研业务的积极性。公司在聘任服装技术员时，实行公开考试，按标准录用。经考核，一批自己培养的技术员已经成为公司第一线的骨干，为创罗蒙名牌发挥了积极作用。

在人才使用上，罗蒙总是尽力将人才安排到最合适的岗位，以充分发挥他们的特长。如一位副总经理老成持重，工作细致踏实，就让她负责内销工作；另一位副总经理大胆泼辣、善于交际，就让她负责合资企业工作。人才的充分利用，使公司在生产经营和创优工作中遇到的难题大都被及时攻克。与此同时，罗蒙人还探索了一条培养技术尖子与提高全员素质双管齐下的成功道路。公司专门办了一所企业夜校，帮助青年职工学文化技术、学日语。现在有不少职工已初步掌握了日语，有数位女青工已成为公司的专职翻译。公司先后选送大批有发展前途的青年职工到中国纺织大学（现为东华大学）、浙江丝绸工学院（现为浙江理工大学）及浙江纺织服装职业技术学院进修，回厂后他们很快就成了技术骨干。

罗蒙的决策者还有一个高明之举，就是在充分发挥自己已有驻厂日本专家作用的同时，不惜重金聘请意大利著名的服装师到企业任职，推行服装工艺、款式等方面的国际标准，并选派技术人员出国考察学习。1992年以来，公司不断选派技术人员到日本、法国、意大利等国取经。这一系列的有效措施，加快了罗蒙进军国际市场、争创国际品牌、与国际服装业接轨的步伐。

第四章　培罗成集团

第一节　走进培罗成

一、企业简介

1984年，培罗成成立于"红帮裁缝"的发源地——宁波。经过近40年的勤奋耕耘，培罗成在国内服装领域跻身先锋行列，先后获得中国职业装领军企业、中国驰名商标、全国服装双百强企业、质量管理先进单位、全国售后服务十佳单位等荣誉；在企业资信等级方面，持续获AAA证书、纳税信用A级企业、"守合同、重信用"单位、国家安全生产标准化二级企业等认证。

培罗成集团目前拥有宁波和九江两大生产基地，总占地面积为10万平方米，建筑面积为15万平方米。集团公司注册资金为30038万元，有员工1600多人，其中有专业研发技术人员近400人。集团年生产高档西装120万套（件）、精品衬衫220万件、服饰600万件（条）。集团现已通过ISO 9001质量管理体系、ISO 14001环境管理体系、ISO 45001职业健康安全管理体系、GB/T 27922商品售后服务五星级认证和中国环境标志产品认证。

作为中国最大的商务职业装生产基地之一，培罗成为团体客户提供统一规范的职业服装，同时积极开拓服装销售市场，通过技术创新接轨世界服饰发展潮流，为商务精英们提供符合时代精神和个性化定制的服装。

公司坚持以产品创新、技术开发为主导，长期与国内外服装设计师及高等院校建立交流合作关系，并成立了以潘超宇技能大师工作室为技术核心的研发团队，形成了有层次、有重点的技术创新体系。

培罗成始终坚持"奉献于事业、造福于人民、回报于社会"的企业精神，在企业发展壮大的道路上，不忘回馈社会，竭诚贡献社会，先后向中国宋庆龄基金会、清华大学、北京大学、冯骥才民间文化基金会、宁波援鄂医疗队、鄞州慈善机构等捐款共计数千万元，用于慈善公益事业，真正实现产业报国的雄心壮志。

宁波培罗成展厅

二、企业荣誉

1990年，培罗成西服荣获农业部（现为农业农村部）优质产品称号。

1992年，培罗成商标首次被认定为浙江省著名商标。

1993年，培罗成服装被认定为"浙江省消费者信得过产品"。

1995年，培罗成集团首次进入全国服装行业双百强，首次被认定为浙江省名牌产品。

1997年，培罗成西服在全国抽检中荣获优等品称号，荣获全国金秋服装服饰展销会最佳产品质量金奖。

1998年，培罗成西服被评为浙江市场最畅销、竞争力最强名优产品，被中国消费者协会认定为推荐商品。

1999年，培罗成入选中国西服十大名牌。

2000年，培罗成集团被评为浙江省双文明企业、浙江省百强工业企业。

2001年，培罗成集团进入全国民营企业500强。

2002年，培罗成集团入选全国服装行业十佳诚信企业、联合国国际女性创业明星企业。

2003年，培罗成西服被评为中国名牌和国家免检产品。

2004年，培罗成西裤被评为国家免检产品，培罗成商标入选中国500最具价值品牌排行榜，被授予质量管理先进单位称号。

2005年，培罗成入选中国青年最喜爱的服装品牌，荣膺"中华职业装十大著名品牌"、中华国际职业装设计大赛金奖。

2006年，培罗成西服再次被评为中国名牌和国家免检产品。

2007年，培罗成荣获中国驰名商标称号。

2008年，培罗成西服被授予质量卓越企业称号，培罗成被认定为守合同重信用AAA级单位。

2009年，培罗成被评为年度十大纳税贡献先进单位。

2010年，培罗成被国家工商行政管理总局商标局认定为中国驰名商标。

2012年，培罗成入选2012年（第九届）中国500最具价值品牌排行榜，荣获2011年服装行业百强企业称号，被评为"重点跟踪培育的中国服装家纺自主品牌企业"。

2013年，培罗成荣获2013年度"浙江省信用管理示范企业"称号，获浙江著名商标证书。

2014年，培罗成集团被评为2013年全国服装行业百强企业、"中国职业装领军企业"。

2015年，"培罗成"牌衬衫在2015年行业检测中荣获"优等品"称号。

2016年，培罗成集团荣获国家工商行政管理总局2014—2015年度"守合同重信用"企业称号、2015年利润总额全国服装行业百强企业称号、2015年产品销售收入全国服装行业百强企业称号、2015年销售利润率全国服装行业百强企业称号。

2017年，培罗成集团获评2017年度"浙江省信用管理示范企业"。

2018年，培罗成集团荣获2017年全国服装行业百强企业利润总额第76名、2017年全国服装行业百强企业销售利润率第67名、2017年全国服装行业百强企业产品销售收入第54名。

2019年，培罗成集团获评中国职业装（综合）十强、全国商品售后服务五星级认证、"中国职业装十大领军企业"。

2020年，培罗成集团获评中国环境标志产品认证、"浙江省商标品牌示范企业"。

2021年，培罗成获评第三届"中国职业装十大领军企业"，资信等级被评为AAA级。

2022年，培罗成荣获"全国产品和服务质量诚信品牌""全国纺织服装行业质量领先企业""全国质量检验稳定合格产品""全国质量诚信标杆企业"称号，资信等级被评为AAA级。

三、企业标识释义

培罗成标识（图片来源：培罗成集团官网）

"培罗成"这个名称体现了企业与红帮的传承关系，有知恩图报、饮水思源之意。"培罗"二字表示企业与旧上海的红帮名店培罗蒙系出同门，"成"字则取自红帮代表人物陆成法的名字。Progen是培罗成的英文谐音。

第二节　培罗成创始人史利英母子

一、人物简介

（一）史利英

史利英（1944—2017），女，汉族，宁波培罗成集团创始人、董事长。作为在中国改革开放中成长起来的第一代杰出创业女性、中国民营经济的先行者，史利英的为人处世、艰苦创业、基业传承事迹均为后人留下了宝贵的遗产。史利英曾获"全国三八红旗手"、全国杰出创业女性、浙江"慈善之星"、浙江省首届魅力女浙商、宁波市劳动模范、宁波市首届优秀女企业家等荣誉称号，生前系宁波市女企业家协会常务副会长。

史利英怀有强烈的企业社会责任感，在做大企业、大力发展当地经济、解决大量人员就业的同时，始终不忘回报员工和社会，扶危济困助学，曾出资1000万元建立"史利英助学奖学基金"，累计向社会捐款数千万元。她积极倡导并带头认捐宁波女企业家圆梦基金，帮助女性创业，还资助寒门学子，受到各界人士的好评和尊敬。

（二）陆信国、陆宏国兄弟

陆信国，男，汉族，浙江宁波人，现任宁波培罗成集团有限公司总裁、宁波市政协委员、民建宁波市委员会常务委员，曾获全国纺织创业优秀企业家、浙江省十大杰出青年、宁波市十大杰出青年、浙江省第二届希望工程贡献奖、第二届"百佳"先进人物、十佳企业之星、宁波市优秀社会主义事业建设者等荣誉称号。浙江省第八届十大杰出青年评选时给陆信国的评语是："国内服装界第一个提出职业装概念的专业人士，同时也是第一个带领企业进入和培育职业装市场的企业家。"

陆宏国，男，汉族，浙江宁波人，培罗成集团总经理。

二、创业经历

（一）史利英的创业故事

1984年，浙江省宁波市鄞县下应镇江陆村有一群农家妇女，靠着1000元启动资金，拿起宁波人传统的"三把刀"之一的剪刀，带着各自的嫁妆——缝纫机，在四间小小的砖房里，承揽一些劳保服装的加工活计，补贴家用。她们的带头人就是村里的妇女主任、时年40岁的史利英，也是培罗成的创始人。

由于这群农家妇女只是从事劳保手套、袖套、围裙等产品的简单加工，利润十分微薄。干了一两年，史利英感受到了小作坊"饥一顿饱一顿，凑凑合合过日子"的窘迫。她痛下决心：小打小闹是不行的，必须有自己的品牌！

那时候，在鄞县周边方圆十公里内集中了400多家企业，专门生产西服，杉杉、雅戈尔也在其列，并已展露峥嵘。史利英的小作坊，凭什么在市场上生存便成了一个问题。

就在史利英苦苦地寻找出路的时候，有人告诉她，江陆村曾出过一位"红帮"服装大师，叫陆成法，在上海培罗蒙西服公司任职。几经辗转，史利英终于找到了令江陆村人骄傲的陆成法大师。史利英坦言，自己是江陆村的媳妇，带着江陆村的妇女办西服厂，想请大师给予技术上的帮助。为表明心迹，史利英三上陆家；为学到技术，史利英甘愿在陆成法家做保姆。为证明自己并非异想天开，1985年10月，史利英向陆成法和盘托出自己的心愿：一是成立宁波鄞县培罗成西服厂，请大师赐予其名字中的"成"字；二是培罗成服装的样板必须由大师亲手制作；三是聘请陆成法大师担任培罗成西服厂的技术顾问。

陆成法被眼前这位瘦小但意志坚定、积极务实的江陆村媳妇感动了，他同意了史利英的请求，于是，"培罗成"诞生了。

有大师的指导和牵线，小作坊迅速成长为规范的西服生产企业，"红帮"的裁缝手艺也在史利英和她的创业同伴中得到传承。1994年，宁波鄞县培罗成西服厂在陆成法大师的亲授下渐成气候，资产达数百万元，职工也由原来的19人增加到200人。史利英用江陆村媳妇的坚韧打造了一个品牌，成就了一名农村媳妇与一个中国名牌的经典故事。

史利英也知恩图报，给企业取名时坚持用"培罗成"，这个名字不只加入了陆成法名字中的"成"字，也宣示了本企业出身于"培罗门"。

如今家喻户晓的商界传奇人物史利英，从一名地地道道的农村媳妇，成为拥有上亿元资产的中国著名服装企业——培罗成的创始人。这位商界女强人，言谈中一直保持着"草根"商人的淳朴耿直、豪爽热情和对培罗成事业孜孜不倦的追求，还有交权之后平和、淡定地享受生活的喜悦。

1. 自豪：成功交权

2010年7月18日，史利英正式把培罗成交给两个儿子打理，自己做他们的忠实听众。史利英说，两个儿子接班后，她很"自豪"。

2010年12月，在大儿子陆信国的努力下，培罗成集团与美国华特迪士尼公司签约，合资建设创意文化产业园，培罗成也成为上海迪士尼配套产品供应基地。这意味着培罗成新的国际化企业策略和投资战略已经显现。

交权后，小儿子陆宏国主要负责招商引资和商业地产开发，并已促成了培罗成与国内外商业巨头的合作，项目总占地面积8600平方米，总投资为3亿元。

史利英既是一位慈母，又是两个儿子生意场上的"师傅"。她的"以德为先，以善为本，以礼为敬""做事之前先把人做好"的谆谆教诲，早已刻在兄弟俩的心上。史利英常说："作为管理层，要关心的不是某员工一个人，而必须是与他（她）息息相关的一家人。"

一直忙碌，在两个儿子接班后停下脚步的史利英还有一个心愿：为宁波培罗成大厦招商引资寻找合作伙伴，让培罗成乘风破浪，勇立潮头。

2. 感恩：铭记曾经

从一名地地道道的农家媳妇到"全国三八红旗手"，一路走来，史利英从不觉得一切是理所当然的。她说这一切都是上天的恩赐，她更懂得，如果没有那些关心、帮助过她的人和一批任劳任怨的员工，就没有她的今天。

成功后的史利英，从未忘记"奉献于事业，造福于人民，回报于社会"的心愿，她还把这三句话题写在了《史利英传奇人生》一书中。

2010年7月18日，史利英向宁波市鄞州区慈善总会捐资1000万元，成立了史利英爱心助学奖学基金，帮助鄞州区优秀的贫困大学生渡过难关。这是鄞州区慈善总会迄今为止收到的最大一笔以个人名义命名的助学奖学基金。

史利英说:"感恩社会、回报社会是我一辈子的责任。"她的话语简短而朴实:"有些学生本来读完大学就能走上社会了,却因经济困难辍学,太可惜了。帮助他们,我义不容辞。"每年,史利英都会参与鄞州区妇联的贫困母亲救助、爱心午餐及其他机构开展的慈善活动,她不但自己积极参与,还发动身边的女企业家一起献爱心。

3.幸福:简单生活

"家和万事兴。家庭和谐,企业才和谐。"干事业风风火火的史利英,对家庭也同样倾注了许多爱。

自古以来,婆媳总是水火不容的。然而,史利英却与两个儿媳妇相处得非常融洽。在这个问题上,她并不比别人懂得更多深刻的道理,而是将心比心。她说:"我也当过媳妇,知道这个角色的'难处'。"她当婆婆的心得是:把媳妇当成自己的女儿,别总摆婆婆的架子。

"交棒"后,虽已不用过多操心企业的事,但心态年轻的史利英一点儿也没闲着。空下来,她看外国名著;历史类、侦探类、生活类电视剧甚至韩剧,她都有所涉猎;有时她还会约上几个好朋友,谈谈人生哲学,探索如何进一步为社会、为企业、为人民更好地履行应尽的责任。

(二)"创二代"陆信国、陆宏国兄弟再创辉煌

1992年、1993年,陆信国、陆宏国兄弟分别从日本学成归国,进入母亲史利英创办的培罗成公司。2001年,从一线开始做起的兄弟俩子承母业,哥哥陆信国出任培罗成集团公司董事长、总裁,弟弟陆宏国出任培罗成集团公司总经理。

子孙不肖与不和之忧是家族企业传承的经典难题。除少数洒脱和幸运的民营企业家已找到优秀的职业经理人接班,大多数民营企业家都在

思考如何避免子孙不肖或不和。培罗成的创始人史利英在1989年先后送两个儿子赴日本留学，在兄弟俩回国后，她用激将法将两个儿子留在了自己的企业里，但一开始并不赋予他们大权，而是直接送他们去一线当普通员工，陆信国就曾作为销售员，独自开拓杭州市场。

1993年，陆信国从日本回国，怀揣名古屋爱知大学企业管理学士学位证书。那时，"海归"的企业管理人才在国内炙手可热，前途一片光明。陆信国似乎并不想接管培罗成的小摊子，而是想在别的企业寻求机会或者自己创业。但母亲意志坚决："创业难，守业更难，有本事你就把培罗成做名牌，把牌子打向世界！"

陆信国最终决定留在培罗成。1993年，他只身赴培罗成的杭州分公司，在那间只有一张桌子、一张床，堆满了西服的8平方米的小房子里，开始二次创业。为把产品推广进入杭州的百货商场，这位董事长的大公子天天泡在杭州各家商场的服装部，即使别人不理他，他也坐在一边看商场进货的定位、商品的价格和质量等，然后把这些情况向总部汇报。这种宁波帮惯有的精神，在民企二代"海归"陆信国身上表现得淋漓尽致。

陆信国努力攻关，产品也在不断创新，杭州百货大楼终于答应给培罗成一个衣架试销售。那个只能挂20来套服装的衣架，被陆信国视作培罗成走精品服装路线的开始。而今"培罗成"的产品早已遍布全国各大商场和专卖店，形成了稳固的销售网络。

1995年，陆信国为公司拿到创建以来的最大一笔订单：为中国远洋集团员工制作西服职业装8万套，价值达2500万元，令公司上下刮目相看。那年他才29岁。

为了这单业务，他只身去北京跟中国远洋集团联系，跟门卫套近乎，向办事人员递介绍信，介绍培罗成公司的技术顾问、上海培罗蒙西服店的海派西服特级技师陆成法大师，介绍公司跟上海、意大利的西服品牌的合作，品质完全可以保证；他也向对方表达自己对职业装的看法。精诚所至，金石为开，培罗成终于被允许进入招标竞争。投标中，9套样衣的商标均被贴住，然后让评委试穿，其中有一套西服穿着特别舒服，质地又好，揭开贴纸才发现，是培罗成的西服。

与中国远洋集团的成功合作，揭开了培罗成进军职业装领域的序幕。从此，公安部、检察院、法院、海关、民航、电信、网通、金融、教育……各行业的订单纷至沓来，良好的品质与服务使培罗成步入职业装的"黄金10年"。

培罗成进入职业装领域后，采用了需求咨询、量身设计、样衣展示、量身定制等传统工艺与现代技术相结合的生产模式，给行业带来了清新的面貌，用做名牌西服的做法来生产职业装，培罗成开拓了一个全新的市场，并成为这个市场的先驱。据培罗成官方网站公布的消息，培罗成将这种成功归结于：向客户提供了一针一线的真情服务。

进军职业装市场，源于陆信国在日本学习时的发现。20世纪90年代，国际上职业装产业已走向成熟，但在中国尚未起步。陆信国认为职业装产业在国内大有可为。于是他回国后做的第一件事，就是提出"利用培罗成西服的名牌效应发展职业服装"的经营策略，以比同行更精准的市场定位在同质化严重的男装界脱颖而出。

2002年，陆信国提出公司应尝试开拓新业务，整合资源，拓宽市场领域，他的建议得到了董事长史利英的支持，于是宁波卓洋印务有限公司成立了。到2008年，拥有130名职工的卓洋印务税后创利已达2600多万元，2009年已成为宁波包装行业20强企业、宁波十佳印刷企业，2010年荣获"蓝盾杯"安全防伪技术优秀应用成果奖。

当年，陆信国从母亲手里接过培罗成时，培罗成已获得中国驰名商标、中国名牌、国家免检产品、中国消费者信得过产品等荣誉，培罗成集团已进入中国民企500强，品牌以近26亿元的价值名列中国500个最具价值品牌榜。

陆信国说："做好接班人，要有自己的创新，要做就做'创二代'，要做一个立足于母亲建造的基础，却又不同于母亲的新时代的创业者。"陆信国是这么说的，他和弟弟陆宏国也是这么做的。卓洋印务、培罗成置业、入股鄞州银行、联手迪士尼做文化创意品牌……培罗成的产业转型升级方兴未艾。

但服装业依然是培罗成的大本营，服务依然是培罗成的传家宝。现在培罗成已建立起最具特色的量体裁衣等品牌专业服务管理体系，在现有专卖网络和专业团体服装业务中，尤其是在各个区域性专卖旗舰店中，都设有量身定制服务。公司有200多人组成的量体服务技术团队，这支队伍去过拉萨，到过尼泊尔边境的山区，再远的距离，他们都会面对面为客户提供服务。

《独辟蹊径职业装》，中华服装网上的这篇对培罗成总经理陆宏国的专访文章，向我们展现了培罗成是如何走上职业装道路的。在专访中，在2001年"子承母业"出任培罗成总经理的陆宏国，称自己也是正宗的"红帮"传人，他和大哥陆信国一起在日本留学时发现了职业装市场。

陆氏兄弟在日本接触到职业装行业时，就感觉职业装在国内大有可为。在20世纪90年代初，如何与杉杉这些巨头共存共荣，在夹缝中求生存、求发展，是陆氏兄弟俩当时考虑的首要问题。思来想去，走职业装道路是培罗成必然的选择。

陆宏国在接受专访时说："并不是能生产西服的企业都具备生产出高品质职业装的能力，在大工业文明面前，红帮人的很多做法，让一般人感觉似乎是过时的，但在个性化服务上更能体现出他们的优点。保留红帮传统，才是培罗成进入一个全新的职业装市场并取得成功的真正原因。"

子承母业，兄长任董事长，弟弟任总经理，龙兄虎弟无间合作，成为家族企业传承的成功范例。学识经验的累积与母亲的言传身教，让兄弟俩具备了接班能力；共同的留学经历和创业经历，使兄弟俩合作默契。2007年，培罗成多元化战略初见成效：位于中西部的九江制造基地顺利落成，旗下的"卓洋"系印刷、电子、投资和国际贸易公司迅速成长。培罗成家族的产业做得比以前更大了。

第三节　培罗成的企业文化

一、诚信重诺，一诺千金

"襟怀坦白，一诺千金"是培罗成集团总经理陆信国做人的理念，也是培罗成人做人的标杆。

这句话体现在企业文化上，就是讲诚信、守信用。正是诚信经营使培罗成连年被宁波市资信评估委员会评为AAA级资信企业；正是诚信经营，使培罗成公司从一家小型企业发展为"超千万元纳税大户"，并成为中国西服著名品牌且名列服装行业双百强，2002年又被列入宁波市首批诚信企业。

科学家阿基米德有句名言：给我一个支点，我可以撬动整个地球。对于企业来说，这个极具效能的支点就是"诚信"。一直希望走在中国男装前列的培罗成，通过全方位的诚信经营，运用这个极具效能的"诚信"支点，尝到了甜头。从一个加工服装厂到拥有"中国驰名商标"的知名品牌，正是"诚信"扛起了培罗成品牌的大旗，漫卷神州。

古人云："人无信则不立。"诚信经营也是企业的重要竞争力。培罗成素以品牌美德塑造人，每时每刻都在追求高标准的商业规范和品行。从当年史利英"做事之前先做人"的公司行业规范，到如今陆信国的"诚信"服务之道，商业道德时时体现在品牌文化之中，把现代经济的时尚内涵和消费心理与服务的真诚原则结合起来。如今，培罗成不仅拥有了很高的美誉度，而且积累了很高的信用度。

（一）诚信于消费者

消费者是上帝，也是评判企业诚信水平的法官。诚信于顾客，就必须向顾客提供物有所值的产品、温馨舒适的购物环境、优质的全程服务，要使消费者在消费时感到物有所值、物超所值。1995年，培罗成就做起了"一对一"量体裁衣的职业装业务，每一件衣服都由专业人员上门对衣主进行身体数据的测量。现在培罗成已建立起最具特色的量体裁衣等品牌专业服务管理体系，培罗成在现有的专卖网络中，在专业团体服装业务中，尤其是在各个区域性专卖旗舰店中，都设有量身定制服务。在专业团体服装业务中，公司组成了200多人的量体服务技术队，员工也已从原来的裁衣工人逐步更新为专业大学生。这支队伍曾去过拉萨，到过尼泊尔边境的山区，经历过最艰苦的环境，是一支经受得住磨炼的队伍，也是培罗成的技术骨干，再远的业务距离，再多层的业务关系，他们都会进行面对面服务，使培罗成的服务真正做到位。

（二）诚信于合作伙伴

在培罗成，员工不仅要对每一个普通的消费者诚实守信，对大大小小的合作伙伴也要诚实守信，同时还要尊重对方。对客户的诚信还体现在严把质量关，重视消费者权益，建立质量售后服务跟踪体系。培罗成率先在同行业中通过了ISO 9001质量管理体系认证，多年被宁波资信评估委员会评为AAA级资信企业，培罗成西服系列也成为中国消费者协会推荐商品，培罗成也被评为浙江省著名商标、浙江名牌企业。市场经济其实是信用经济，企业只有以诚信为本，才能获得各方面的支持，正是由于培罗成的诚信，在1994年改制后得到了鄞县信用联社下属办事处的全力支持，使培罗成解决了资金方面的后顾之忧。所以对于培罗成来说，信用就是资本，而且是一笔极有价值的无形资产。

（三）诚信于员工

员工是企业的财富，对员工诚信也能切实保证企业有不竭的发展动力。就培罗成内部而言，诚信经营主要体现在企业与职工之间利益关系的均衡性。具体地讲，体现在员工的收入、福利待遇及企业文化等诸多方面。培罗成早在1994年就办起了"培罗成幼儿园"，为职工子女入托解决了后顾之忧；建造住宅150套，职工以优惠价购买，解决了职工住房难问题；2001年又建起了可容纳上千人同时就餐的宽敞明亮的职工食堂，为职工提供了良好的用餐环境；积极响应国家政策，为职工办理了养老保险；职工独生子女每月可享受独生子女津贴；公司员工的收入逐年递增。培罗成正是凭借以诚待人的态度，大大提高了员工的凝聚力和创造力，员工也以主人翁的态度对待企业。服装业的季节性加班现象非常突出，有时候为了赶交货期，员工经常要加班加点，但是为了企业的利益，他们毫无怨言，把工作放到了第一位。有了敬业的员工，培罗成在与客户的交往合作中，自然而然也体现出培罗成人"讲究信誉、谨守商业道德"的优秀品质。多年来，培罗成与合作方从来没有发生过一起违约事件，为公司实施国际标准化管理打下了坚实的基础。

（四）诚信于社会

企业是参天大树，社会是千尺沃壤，企业的壮大离不开社会的滋养。因此企业理应饮水思源，诚信回报社会。培罗成坚持"品牌开路，文化兴业"，在为宁波市鄞州区提供大量的就业机会的同时，也创造了自然、亲和的企业文化氛围，并不断以此激励、培训员工。培罗成还积极捐助社会公益事业，关注社会弱势群体，如为1998年长江特大洪水捐款168万元，捐资建立了"贵州晴隆培罗成希望小学"，为修建镇、村公路多次捐款，为鄞州区江六村老年人支付养老金，为扶贫帮困事业捐款累计达580万元，还安排了100多名残疾人员就业，解决了他们的实际生活困难。尤为可贵的是，培罗成在自身创造了良好的经济效益的同时，也不忘对社会、对国家做出应有的贡献。自1994年改制至2012年，培罗成已累计纳税4500万元。公司还非常重视环保工作，2002年7月通过了 ISO 14000 环境管理系列标准认证。这一切真诚回报社会的举措，也是培罗成诚信经营中不可或缺的组成部分。

培罗成集团花了十几年的时间，才做到上亿元的规模，不是没有机会迅速膨胀，而是希望走一条踏踏实实的路子，在发展的每一个阶段，先储备好人才，再发展一项新的事业。而人才首先必须认同培罗成的企业核心价值——诚信。陆信国执拗地相信，按精确设计的规模去发展，才是最有效益的，才能真正对合作伙伴展现出诚信。

多年来，培罗成公司始终把握"客户至上"的方针，恪守"做事之前先做人"的承诺，既是在做品牌，又是以"道德"为人。"诚信"就是培罗成的服务精髓。而对所有的人和所有的事负责任，才是真正的诚信。培罗成集团，一家默默耕耘了近40年的民营企业，它像冒出水面的冰山，人们只看到它成功的一角，却不知还有水面下数十倍于此的基座和支撑这座大厦数十年的坚定信心。

二、坚持经典

在中国商业企业集体追捧西方文明多年之后，发展壮大的民族企业开始热火朝天地追寻传统经典，希望将商业文明和企业智慧植根在自己的文化土壤里。培罗成，一个宁波帮中独特的商家，"坚持经典"是其最鲜明的品牌形象。在继承传统和发展现代之间，培罗成有着鲜活的实践经验。

在宁波的中国名牌服装里，雅戈尔、杉杉等业界巨头的衬衫西服虽然在国内的名声响亮，但衬衫、西服职业装做得最大、最成功的是培罗成。成功打造新时代中国员工形象的培罗成，其品牌影响力不单在职业装领域，还有对经典的坚持。作为曾经创造了"丝绸之路"的国度，在打开国门重开世界贸易40多年后，我们重新成为世界服装第一生产大国和第一消费大国。尽管仍有很多声音指责中国服装够大却不够强，但中国服装对本土经济、社会的影响力是巨大且不可逆的。

处在社会急剧变化时期，每个组织和个体都深感经典缺失的痛苦，要坚持却害怕跟不上时代的步伐，欲抛弃总难寻稳固的根基。这可以称作经典的两难命题。对于企业文化和品牌而言，此方面的痛苦尤甚。

坚持经典是一种姿态，在浮躁弥漫之时更显得弥足珍贵。培罗成的品牌战略就是坚持经典，并依靠这种战略取得了成功，在世人眼前树立了"红帮"嫡传的形象。正如媒体评价的一样，培罗成成为"古老商帮文艺复兴第一人"。

在集中了中国服装品牌的宁波，培罗成并不是最早做服装的，也不是最大、最强的服装生产销售商，但培罗成"坚持经典"的鲜明品牌形象，却是独树一帜的。

有专家认为，在服装业生产一件高档西服不难，难的是打造这件西服的品牌，品牌的打造也许需要几代人坚持不懈地努力。陆信国、陆宏国兄弟接过母亲的班，培罗成的经典品牌形象迅速建立，这也是宁波服装的一个代表性现象。像雅戈尔、杉杉、培罗成一样，众多宁波的服装企业尽管出身平凡且历史不长，但宁波帮强烈的品牌意识告诉人们一个道理：奇迹是人创造的，品牌也能快速打造。培罗成坚持经典的意识值得学习和借鉴。

三、奉献于事业、造福于人民、回报于社会

民营企业社会角色的经典难题是，生产利润还是生产幸福？这实际上是一个当下的社会热点问题，即企业与企业家的社会责任问题。尽管经济学家张维迎呼吁，眼下不是民企奢谈企业责任的时候，社会也不应

该把责任一股脑地推给企业，因为在经典的社会经济制度里，企业的最大使命就是创造利润，利润才是衡量企业优劣的唯一标准。也许张维迎对民营企业的保护是正确的，因为社会确实需要不断优化环境与制度、规范市场，利润成为衡量企业价值的重要指标。

然而史利英母子却将企业打造成为一个理想的小社会：为职工建造了100多套住宅；办起了职工幼儿园；企业逢五逢十的周年庆都会给几百号老员工丰厚的奖励；职工事无巨细，只要求助，史利英都会像个党委书记、工会主席一样给予解决。史利英说，"员工有困难，就是企业立功的时候"，她还经常劝同行，"办企业的人，要牢记是员工创造了这个企业"。

培罗成并不满足于企业内的和谐发展，也热心于社会公益事务。以下是浙江各级政府官方网站和浙江在线、《宁波日报》等媒体发布的一组培罗成履行社会责任的数据和事例：

1995年、1997年、1999年，培罗成集团先后三次出资建造了100多套住宅，解决了员工居住问题；每年寒暑假，培罗成集团办公室都会提前发布公告，提示员工可以将子女带到公司，由公司出钱请人照看。

1998年，集团捐资50万元，在贵州晴隆县兴建希望小学，同时捐款160多万元慰问受长江特大洪水影响的灾民；向宁波市团委的"大学生助学计划"提供50万元基金；仅陆信国个人资助的贫困学生几乎可以坐满一个教室；2004年，向中国青年服装时尚周资助50万元；2005年，为帮助当地青年创业发展，培罗成以发起人的身份无偿提供资金和场所，与宁波市鄞州区团委开办宁波市鄞州区青年创业协会和青年创业中心等。

2003年和2006年，培罗成两次携形象代言人赵文瑄在北京人民大会堂向中国宋庆龄基金会捐赠200万元人民币，用于青少年儿童文化教育科技事业和贫困地区教育事业；在获悉著名文学家冯骥才先生为民间文化的抢救挖掘奋力奔波时，一次性捐资150万元发起成立冯骥才民间文化基金会；出资赞助并参与红帮文化研究。

2007年5月27日，培罗成鄞青希望小学在江西九江市彭泽县建成；培罗成在该县投资近亿元的九江英皇制衣有限公司建成。

多年来，培罗成为当地经济的发展做出了应有的贡献，同时也实现了企业的社会价值。

培罗成集团已捐资中国宋庆龄基金会，分别在内蒙古、广西、新疆、云南等地举办多期培训班，对1000余名少数民族教师进行了有针对性的培训。2008年，培罗成向鄞州区慈善总会捐赠10万元；2009年，向鄞县慈善总会捐赠1000万元、向中国光华科技基金会捐赠210余万元的衣物；2010年，向中国光华科技基金会捐赠45万余元的衣物，向清华大学捐款200万元，向低碳排污工程捐款50万元；2013年，向雅安地震灾区捐物捐款，价值53.2万元；2014年，捐资200万元用于"五水共治"活动，向光彩事业捐赠200万元，连续三次向宋庆龄基金会捐款共450万元；2017年，向圆梦基金捐款150万元；2020年，防疫定向捐赠60万元……公司至今在公益方面的投入已达数千万元。

培罗成对组织责任的担当和培罗成的"红帮传人"形象相互辉映，体现了宁波帮的优秀特质。培罗成荣获"2006年度宁波市社会主义事业优秀建设者"称号，入选2004—2005年度"福布斯慈善榜"。培罗成"奉献事业、造福人民、回报社会"的企业文化理念，代表了宁波帮的主流思想，其事迹也在社会上广泛传播。

念念不忘，必有回响。和中山装、孙中山的关联，让培罗成服装广受各界认可，甚至有网友在论坛上说，为了偶像赵文瑄和培罗成热心公益，也要去买一套培罗成的西服。而培罗成集团办公室主任则对媒体表示，从当年长江特大洪水受灾地区来培罗成的员工，工作最用心，对培罗成特别忠诚。这对企业家来说也是一个重要的启示。

第五章　太平鸟集团

第一节　走进太平鸟

一、企业简介

　　宁波太平鸟时尚服饰股份有限公司是一家以顾客为中心，以"让每个人尽享时尚的乐趣"为使命的时尚品牌零售公司。太平鸟集团前身创建于1989年，"太平鸟"品牌创立于1996年，经过27年的发展，公司已成长为以品牌的创意研发、时尚设计和全网营销为核心的综合产业集团。

　　1996年，张江平先生带领创业伙伴，以象征爱与和平的鸽子为原型，创建了太平鸟（PEACEBIRD）品牌。

　　太平鸟集团持续秉承"倡导时尚理念、引领时尚生活"的企业使命，紧紧把握时尚潮流发展主线，立志将太平鸟打造成为"中国第一时尚品牌"，并以国际知名的大型时尚产业集团和中国的世界品牌为企业的发展愿景，成为中国大众时尚界的一面旗帜。

　　公司聚焦时尚行业，实施梯度品牌策略，现拥有PEACEBIRD WOMEN（太平鸟女装）、PEACEBIRD MEN（太平鸟男装）、LEDiN（乐町少女装）、mini peace（童装）、MATERIAL GIRL（"物质女孩"女装）、COPPOLELLA、Petit Avril（贝甜童装）、PEACEBIRD LIVIN（太平鸟巢家居）等多个品牌。各品牌通过差异化风格演绎，优势互补，同时加码潮流、运动等领域，通过联名及与先锋设计师合作等方式挖掘"国潮"新元素，赋予太平鸟更深刻的文化内涵。

公司聚焦时尚，高度注重产品研发这个核心能力的建设。自成立之日起，公司始终致力于自主设计研发团队建设，目前拥有一支500多人的高素质、有国际视野的研发团队。团队坚持以顾客为中心，以品牌风格为牵引，持续将流行的时尚元素融于产品创新，每年向市场推出10000多款新品，高频上新，带给顾客惊喜。

公司致力于全渠道零售核心能力的建设。公司从2008年开始布局电商业务，发展快速，2020年，在天猫双十一购物狂欢节线上成交金额达10.5亿元。公司拥有遍布全国31个省区市的4600余家实体门店。2020年，公司实现全渠道零售额128亿元。2022年，太平鸟集团实现营收416亿元，同比增长7.8%，纳税11.6亿元，同比增长6.5%。

公司有12000多名员工，分布在总部、自营门店、物流和自有工厂。公司以"我们信任人，我们坚持诚信，我们热爱时尚，我们致力于不断惊喜客户，我们拥抱变化、渴求创新，我们力求简洁，感恩创始人和每位伙伴"七个信条为核心价值观，持续营造以顾客为中心和以奋斗的太平鸟人为本的企业文化。

回望过去，太平鸟经历过成功的喜悦，也遭遇过失败的挫折。但在经营发展过程中，太平鸟始终坚守着这样的原则：一是坚持"错位竞争"的发展策略，将永续创新的理念融入企业的灵魂；二是坚持创新理念，创新经营模式，大力塑造和培育自己的品牌。

展望未来，太平鸟将坚持以做强、做大集团品牌服装主业，创"中国第一时尚品牌"的发展目标不动摇，继续围绕品牌服装、工业贸易和商业投资三个领域持续发展，并对通过集团产业的合理规划、体制创新、专业运作与监管，使集团业务形成一个主业核心、两翼齐飞、共同发展的态势，使集团各产业在各自领域形成较强的竞争优势。以"聚焦时尚，数据驱动，全网零售"为核心战略，太平鸟人将持续自我精进，艰苦奋斗，去全面实现"卓越的时尚品牌零售公司"的动人愿景。

二、企业荣誉

2003年，太平鸟被认定为国家免检产品。

2004年，太平鸟荣获中国名牌、中国青年最喜爱的服装品牌称号。

2006年，太平鸟荣获中国服装品牌年度创新大奖、中国驰名商标称号。

2008年，太平鸟荣获宁波十佳企业营销成就奖。

2009年，"太平鸟"荣获浙江省著名商标、驰名商标，太平鸟集团被评为中国服装行业最佳雇主企业。

2010年，太平鸟被评为中国服装行业最佳雇主企业、宁波市设计主导型工业示范企业、宁波市服务业十佳"创新之星"企业。

2011年，太平鸟被评为浙江省"守合同重信用单位"、宁波市信息化与工业化融合标杆企业、2010年度宁波市现代贸易物流企业。

2012年，太平鸟荣获中国服装品牌2011年度大奖之价值大奖。

2016年，太平鸟位列宁波市综合百强企业第15位、宁波市纳税50强企业第28位。

2017年，太平鸟位列宁波市综合百强企业第14位、浙江省民营企业百强榜单第38位、中国民营企业500强第283位。

2018年，太平鸟位列宁波市综合百强企业第15位、宁波服务业百强企业第6位，获评宁波市"最具影响力的慈善捐赠企业"。

2019年，太平鸟位列中国民营企业500强第320位、中国民营企业服务业100强第94位、中国服务业企业500强第200位。

2020年，太平鸟位列全国最受欢迎的休闲服品牌第3位，中国品牌企业500强第478位、中国民营企业500强第330位，获评抗击新冠疫情先进民营企业。

2021年，太平鸟入选浙江省市场监管局、省工商业联合会联合公布的2021年浙江省民营企业100强，位列第45位，入选2021年中国民营企业500强、2021浙江省百强企业，被评为首届中国名牌。

2022年，太平鸟集团荣获浙江省慈善领域政府最高奖"浙江慈善奖"，位列2022中国民营企业500强第301位，位列2022中国服务业民营企业100强第80位，荣获2022年度美国国际设计大奖——Office and Service Center/Honorable Mention，荣获2022年度APDC方振华空间魔法师大赛机构/办公类金奖。

2023年，缪斯设计奖（2023 MUSE Design Awards）评奖结果正式揭晓，太平鸟时尚中心斩获室内设计商业类别中的金奖。

三、企业标识释义

太平鸟标识（图片来源：太平鸟集团官网）

太平鸟的新标识灵感来自激发人们无限想象的古老传说，它演绎着浴火闪耀绽放的传奇，象征着神秘而永恒的进化。它的形象展示了当代中国的变化，最能表达太平鸟这个始终致力于打造亚洲第一的时尚品牌的成长和变化：从时尚男女装系列到mini peace童装，随着这个全新的标志的发布，太平鸟讲述了一个耀眼的传奇——展现羽毛的光辉，用顽强的意志在光芒中闪耀，在时尚的海洋中越走越精彩！

鄞州万达广场太平鸟门店

第二节　太平鸟创始人张江平

一、人物简介

张江平，男，汉族，1967年出生于浙江省宁波市鄞县（今鄞州区），高级经济师，复旦大学EMBA毕业，现任太平鸟集团有限公司董事长、宁波太平鸟时尚服饰股份有限公司董事长。历任中国纺织工业企业管理协会副会长、中国服装协会副会长、浙江省服装行业协会副会长；作为宁波市企业家代表担任宁波市人大代表；宁波市工商业联合会副主席，宁波市企业家协会副主席，宁波市电子商务协会理事长，宁波市海曙区工商业联合会（商会）主席（会长）；第十四届全国人大代表。2019年，在胡润百富榜排名第1601位。2020年12月，被评为"2019—2020年度全国优秀企业家"。2021年7月，入选宁波市有突出贡献专家候选人。

二、创业经历

张江平是个什么样的人？他是如何取得成功的？

2011年6月14日,女装网上的一则报道《张江平:宁波太平鸟集团董事长》给了人们这样一份答案。

在记者眼中,张江平是一个外表文静、儒雅的年轻人,看上去像是一名时装设计师,却挂着宁波太平鸟集团董事长的头衔。他的脸上看不出一点儿霸气与沧桑,只有祥和与宁静,一副气定神闲的样子。张江平这个当年农村里的一个普通初中毕业生,到底凭什么放飞了"太平鸟"?

(一)志气+悟性:启动创业之旅

1984年,17岁的张江平成了镇办服装厂的一名小学徒。在此后的5年时间里,当裁剪工的张江平从镇办企业一直"跳"到县办的服装企业,成了村里人羡慕的"大集体"的人。但就是这个外表文静的小青年,内心里涌动着种种冲动:难道我要一辈子打工,到结婚、买房时还要父母的资助吗?堂堂男子汉,为什么不能自己创业?

张江平从小就深受父亲的影响,决计长大要像父亲一样做个堂堂正正的男子汉。而张江平的父亲是"文革"前的高中生,一直帮村里人写对子、写书信,同时兼任村里的会计一职,在村子里算得上是个德高望重的文化人。从小,父亲就教育他们兄弟俩要好好做人。此刻,父亲的教诲令22岁的张江平想到了遥远的未来。于是他辞去了厂里的工作,从父母那儿借了2000元钱,开始在商海闯荡。

1989年秋,宁波市街头的地摊上,出现了一位长得文文静静的卖服装的年轻小贩。到1991年,张江平已成为一个拥有几个柜台的小老板。很多年过去了,已经成为省人大代表、全国民企500强企业老板的张江平仍然不会忘记这样一些画面:寒冬腊月里,一个瘦高的青年,披着雨衣挨家挨户敲开海宁这个皮衣之乡的客户的一扇扇门。晚上11点,他背着大包小包挤上从海宁开往宁波的慢车。第二天早上7点多,顾不得连夜的劳累,他急匆匆地将采购回来的服装分送到几个不同的商场,挂到一个个柜台展示区……

几年的经商经历让张江平深深地体会到：直接从厂家进货与从批发商处进货，利润空间是大不一样的。于是，1992年，在他的张罗下，弟弟张江波在老家，用哥俩一起借来的2万元钱买了6台缝纫机，召集了七八个人，办起了梦迪斯制衣厂。建起服装厂之后，张江平把厂里的生产彻底交给弟弟张江波，而他自己则继续做贸易，在到各地进货的过程中了解服装的流行趋势和供求信息，并快速地将自己拥有的柜台数从1个增加到10个，再到几十个，他在不同的服装市场都拥有柜台，编织起一张庞大的销售网。有了这么一张销售网，家乡的厂子生意变得特别好：每天早上从弟弟厂里拉出去的货，通过哥哥的网点，到了晚上就能全部售完。不到两年时间，厂里的工人增加到300多人，在镇里造起了一栋像样的厂房。

（二）胆魄＋智慧：一波三折创品牌

"当初跟我一起出道做服装的人很多，现在大部分人都被市场的大潮淹没了。我为什么能够生存下来？我想关键大概在于完成原始积累后，我舍得花钱，抓住了机遇……"

浙江民企有个"千万元现象"，就是企业做到一千万元左右的资产规模时就停滞不前，不敢再发展了。但张江平不怕输。如果说当初涉足商海是为了将来不再依靠父母，那么商海中的经历使他成为一个有见识、有胆略、勤于思考的创业者。

自学企业管理并研究国际国内著名企业成功之道的张江平开始编织自己的品牌之梦。1995年，刚刚完成原始积累的张江平一下子投入了500万元，用来宣传刚刚注册的服装品牌。然而，广州的一家企业比他早15天注册了这一商标。忍痛割爱之后，张江平沉下心来思考新的品牌定位。

就在这个时候，中国服装协会要带领服装界人士到美国、意大利等国考察。本来，像张氏兄弟创办的尚处于中小规模的服装企业，服装协会是不会将他们列入出国考察之列的，但协会领导认为张江平为人忠厚、做事踏实，是个干事业的人，才将他列为考察团成员。消息传来，张江平兴奋不已。他认为，只有多开阔眼界，才会有更好的思路。于是他开始了异国考察之旅。在国外，第一次看见"保罗"等品牌休闲服时，张江平的眼睛一下子就亮了。国际时尚的今天就是中国时尚的明天，更何况，宁波服装界大多是生产西服、衬衫等"正规服装"的企业，缺乏设计、生产休闲服的企业，尤其是缺乏设计、生产女装的企业。那么，他就可以定位于做休闲服，这样既可以避开与雅戈尔、杉杉等大企业的正面交锋，又有广阔的市场前景。带着这样的产品定位，张江平于1996年专程赶往北京注册商标，在筛选了10多个品牌名称之后，最后注册了"太平鸟"品牌。

"休闲理念是在和平年代才有的，而太平鸟宁静、祥和、亲切、自由的意境正好吻合了休闲的理念。"张江平终于为自己人生的起飞选定了一种独特的姿势。而为了"太平鸟"，他在500万元"打水漂"之后，又投入了800万元广告费。同年，太平鸟在市区买了60亩地（这一年，企业的总投资达3000万元），并将服装厂搬迁到市区，由此企业完成了从农村到城市的转移。

（三）诚信 + 野心：撬开低成本扩张之门

在1997年，许多企业都感到了阵阵凉意——由于银根紧缩，许多企业度日如年。太平鸟连续两年的大投入用光了全部的原始积累，而且背上了银行债务。在这种情况下，太平鸟的生产规模并没有缩小。"800万元的广告投入，是要靠利润来弥补的。"张江平这么说。于是，他一边导入企业形象设计系统，一边引进人才，快马加鞭地发展生产。而私底下，张江平一个人悄悄地与银行接触——为了支付一笔资金到期的利息，他不声不响地卖了自己的房子，同时又主动找上门去，向银行界的朋友们畅谈自己的"错位竞争"的理念,展示太平鸟发展的美好前景,希望以自身企业的良性发展来获取银行的支持。

"欧得利"原先也是一家服装企业,这家几乎与雅戈尔同步起家的企业由于发展过快,在银根紧缩之际,终于因负债和信誉问题宣布破产,一幢企业大楼仅以400万元起价拍卖。获此信息后,张江平激动得睡不着觉:这时"吃"进欧得利是多好的机会呀!但太平鸟自身也面临资金难关,他刚刚卖了自家房子还利息,这会儿上哪去筹这400万元?

听说要收购欧得利,太平鸟中高层提出了反对意见:欧得利就是因为发展过快而倒下的,太平鸟岂能步人后尘?但张江平有自己的看法,虽然都是发展很快,但太平鸟的信誉很好,太平鸟服装的发展一直是在良性循环,品牌影响力在扩大,市场前景越来越好。张江平信心十足地开始"游说"各家银行,如工行、农行、中行、建行等,先后找了10家银行。平日里沉默寡言的张江平,在银行界人士面前说起企业发展的事来是那样滔滔不绝,讲话是那样有感染力!终于,工商银行向张江平伸出了"橄榄枝"。

张江平没有辜负人们的期望,1998年,太平鸟的休闲服装就做到了1.5亿元的销售额,太平鸟以自身的实力证明了自己。此后,张江平一路"攻城略地",企业拥有100多亩的生产基地和60多亩的储备用地,同时还通过收购同和医院,拓展了产业范围。

(四)气度+眼光:营造百年老店

"我虽然不是很聪明,但我很真心对待公司的每一个员工。因为我懂得一个人的能力是有限的,一定要懂得用人,而要真正用好人,关键是要用人之长,必先容人之短。"张江平说这些话时很坦诚。

张江平接着说:"为什么太平鸟特别讲究设计?为什么它能以时尚作为自己的旗帜?那是因为我们兄弟俩都不会,也不懂设计。自己不懂,就得借用人才的力量。"很早以前,他们就在中国服装流行趋势的桥头堡——上海招兵买马，组建了一支设计师团队，他们还在中国纺织大学（现为东华大学）成立了太平鸟时尚女装设计开发中心。在太平鸟，设计师与每一个公司的总经理都持有公司股份，他们还有着充分的自主工作空间。对此，张江平深有感触：民企的发展，除了管理思路好、敬业外，最大的魅力是讲感情。一般来说，民企老板通过权力与威信领导企业，但老板不能用权力来压人，而要用人格魅力来打动人。为此，张江平会在员工生日和节假日的时候，给员工发去祝福信息；每一位员工退休时，他都亲自主持召开一次温暖的欢送会；企业里的事按照各级制度明确地下放权力。

"我现在已经很轻松，因为各部门都在各司其职。财富不是靠自己去做的，否则就只能变成守财奴。一个真正的企业家，要做的就是提出好的思路，做一个投资者，然后把事情交给好的人去管理就行。""你跟手下的人像朋友一样，他们会负你吗？你越放手，他们的胆子就越小，压力就越大；如果你自己牢牢抓着签字权，那他们还有什么压力？"正是这种能够以诚待人，能够用人之长、容人之短的气度与胸怀，使张江平能够在日理万机之中读完中央党校、清华大学的MBA课程，还去了浙江大学深造。也正因为他懂得用人，他才敢于提出打造"百年老店"的设想——"当我离开企业之后，企业文化和良好的机制会使企业良性发展下去。"他自信地说。2001年，太平鸟集团实行了规范的股份制改造，股份有限公司成为有11个投资主体的产权组织和4名董事、3名监事的管理组织，家族制企业完成了一次转变。

"企业要永续发展，最需要改变的还是老板自身。"张江平说。为了真正融合好各方面的人才和资源，张江平还曾聘请家庭教师给自己补习英语。他认为，公司在开展国际业务时会请专职的翻译，但通过翻译，说话就没有幽默感了，在与外商沟通时少了感情的交流，所以，他要学会自己讲英语（哪怕只会几句日常用语），这样可以拉近与客户的距离。

事实上，正是张江平的学习精神使他能够像一台永动机一样，永远追逐时尚——服装产业的时尚与企业经营理念的时尚。早在1998年，张江平就接受了国际流行的"虚拟经营"理念，2012年的时候，太平鸟在全国已有180多家加盟生产商，其自身的生产量降为15％。"让国内最好的企业为我所用，可谓事半功倍。"张江平兴奋地说。

而更加让张江平兴奋的是，1998年2月，太平鸟与意大利著名设计师米拉吉奥签订了联手打造国际品牌的合作协议。"意大利有几万家面料商，又是国际服装时尚的前沿阵地，通过与米拉吉奥的合作，我们可以借用他的设计人才，借用他的加工企业和销售网络，使我们的品牌走向国际，并通过境外合作的途径来提升我们管理人员的素质。"显然，当年那个初中生，那个摆地摊的小商贩已经在商海的搏击中成长为一位现代企业的创业者、设计者和经营者。

第三节　太平鸟的企业文化

一、核心内容

（一）企业的愿景

近期愿景：争创中国第一时尚品牌。

远期愿景：打造国际知名的大型时尚产业集团，做中国的世界品牌。

终极愿景：经营永续、品牌永恒。

（二）价值基础

诚信：诚信是太平鸟文化的核心。

感恩：感恩、报恩是太平鸟人做人的原则。

尊重：建立相互尊重的太平鸟文化。

合作：合作共赢是太平鸟人做事的原则。

分享：与别人分享智慧是太平鸟的力量源泉。

创新：创新是太平鸟事业发展的灵魂。

（三）发展理念

太平鸟倡导，企业与员工共同成长，企业与客户共同发展，企业与社会共同进步。

（四）共同责任

对消费者：提供个性风尚服饰，传播品位生活理念。

对客户：合作双赢，共同成长。

对员工：学习培训，成就自我。

对企业：共续发展，持续共赢。

对社会：注重责任，回馈大众。

（五）企业使命

企业倡导时尚理念，引领时尚生活，为员工搭建人生价值的实现平台，实现企业社会责任的最大化。

二、用人观

（一）共创事业、共享财富

企业的点滴进步，都源自员工的辛勤付出，员工有理由分享企业的发展成果。太平鸟最大的心愿是让每一位员工都能在太平鸟的舞台上尽展才华，成就自己的事业，成就财富梦想。

（二）才能高低＝舞台大小

员工的才能有多大，太平鸟给予他的舞台就会有多大。让有大本领的人做小事是对人才的不负责任，让有小才能的人担大任是对企业的不负责任。

（三）信任和尊重

太平鸟倡导员工相互尊重、互相信赖。公平对待每一名员工，对每名员工的发展潜力都充满信心。同时，太平鸟也要求员工以诚实和开诚布公的态度来探讨工作问题。

（四）忠诚和敬业

太平鸟期待员工忠诚、敬业，为公司的发展最大限度地发挥他们的能力。针对公司业务的周期性调整，太平鸟也期待每一名员工能够预见变化并做好充分准备，以适应变化。

（五）团队合作

太平鸟重视团队精神，提倡通过紧密配合、精诚协作、分享目标来取得团队的共同成就。

（六）职业规划体系

对新入职员工，太平鸟会根据他们各自的特点，制定专业的职业生涯规划，重视员工个人价值的实现，为他们创造一种自我激励、自我约束和促进优秀人才脱颖而出的机制。

（七）岗位培训体系

根据岗位性质，将岗位培训划分为集团化培训和子公司培训等多层面培训体系。提高员工职业化水平和岗位技能，培养和塑造一支职业道德高、技术业务精的高素质员工队伍，提升员工的素质和企业的核心竞争力，满足公司可持续生产经营发展的需要。同时，公司也给予每位员工充分的发挥空间，提倡永续学习，强调知识的价值与学习的价值等。

（八）核心人才培养

根据企业的战略发展目标，深入发掘企业的核心需求，培养有核心竞争力的优秀人才，并将核心人才的培养计划纳入企业人才战略管理。

太平鸟为每一位员工铺设与个人素质结构紧密匹配的职业发展通道，让员工在太平鸟放飞梦想，同创事业，共享未来。

三、重视员工关系，建设和谐企业

优秀的企业离不开优秀人才的支撑，太平鸟一直将培养人才、尊重人才放在企业发展的首位，努力营造和谐并富有活力的人才培养环境。太平鸟积极奉行"共创事业、共享财富"的人才回馈理念，为各类人才搭建起充分施展才华的舞台，并与员工共同分享企业发展的成果，真正形成人才与企业共发展的良性机制。同时，太平鸟也积极倡导"快乐工作、快乐生活"的理念，在企业快速发展过程中，大力提倡保持幸福、快乐的心态，充分营造健康、和谐的氛围，不断保持企业和谐发展，为社会和谐贡献一份力量。

（一）尊重员工

员工是企业的主人，是兴企之本。加入太平鸟的每一位员工都是这个大家庭的主人，这里没有任何地域歧视和岗位等级歧视，享有共同的荣誉、平等的权利和共有的义务。太平鸟在20世纪80年代末由几个人起家，发展到现在的几千号员工，多年来，来自五湖四海的优秀员工辛勤耕耘、默默奉献，凭借着自己的勤奋和智慧，在各自的工作岗位上闪闪发光。他们为太平鸟集团的每一步腾飞都做出了卓越贡献，是他们让众人看到了一个拼搏进取、锐意创新的跨世纪集团型企业。也正是有了他们，太平鸟才能一直朝着"百年老店"的企业梦想飞翔。

（二）关爱员工

太平鸟始终牢记，员工利益无小事，要时时刻刻把员工的冷暖放在心上。太平鸟始终努力，把关爱员工的工作做深、做细、做到位，让关怀之心遍及每个职工。

太平鸟树立科学人才观，坚持以人为本，推行人性化管理，积极关注员工个人发展，保障员工权益。公司实行"按劳分配、多劳多得、奖励高效、提倡创新"原则，加强考核、管理、分配、提升、培训等制度的建设。在人员选拔上，提倡内部优先竞聘原则，奉行"企业与员工共同发展"的理念，积极倡导教育培训是高效投资的理念，并倡导建设学习型团队和学习型企业，把企业发展战略与员工职业发展规划紧密结合，逐步建立起适应现代企业发展需要的持续培养、普遍培养和重点培养相结合的人才培养模式，为各类员工发展搭建广阔的发展平台，让每个人都有提升发展的机会，从而使太平鸟在未来的发展中有一个更加和谐的环境。

（三）营造环境

太平鸟力争做到"让员工除了把所有精力放在工作上之外没有其他后顾之忧"。公司积极协调员工与集体之间的关系、员工与员工之间的关系，加强沟通与交流管理，引导建立积极向上的工作环境。

太平鸟注重发挥集团化优势，努力创造灵活的就业机会，尽可能吸纳人员再就业，引导员工转变就业观念，拓宽社会化就业渠道，积极为历届大中专毕业生、下岗分流员工、困难家庭等提供就业和再就业机会，为营造和谐社会做出贡献。

（四）丰富生活

太平鸟坚持以营造和谐企业文化氛围为目标，通过树立共同的价值观、加强传统文化和现代管理的融合提升，强化员工的主人翁精神，来增强企业的向心力和凝聚力，积极营造出安全、和谐、有序的工作氛围，努力打造出一支团结、有为、奋进的工作团队。企业通过举办青年志愿者活动、五四青年活动、歌咏比赛、周年联欢会等各类主题文艺活动，建立员工沟通交流平台和网络论坛，营造轻松愉快的工作氛围，弘扬集体意识和团队精神，增强企业的凝聚力。

（五）员工沟通、建议渠道

为进一步贯彻科学发展观和科学维权观，落实党的全心全意依靠工人阶级的根本指导方针，建立健全利益协调、诉求表达、矛盾调处、权益保障机制，收集听取职工对公司重大决策的意见建议，促进劳动关系和谐稳定和企业科学发展，太平鸟实施"倾听·爱"员工沟通平台，建立党、工、团接待日制度，设立员工交流邮箱、员工沟通电话和集团党工团联系电话等。公司常设的沟通渠道如下图所示。

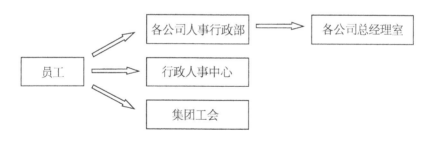

太平鸟常设的沟通渠道

四、积极承担社会责任

太平鸟作为一家富有社会责任感的企业，在自身不断发展壮大的同时，时刻不忘企业所应承担的社会责任。

太平鸟公益基金会成立仪式（图片来源：太平鸟集团官网）

2023年2月28日，太平鸟集团、太平鸟时尚服饰股份有限公司共同捐资1000万元人民币，成立太平鸟公益基金会。该基金会为宁波服装企业首家非公募基金会。

相较于以往"直接捐助"或"由企业发起，由慈善机构运营"等较为传统的模式，太平鸟公益基金会成立后，将组建专业化的团队，完善透明化的信息披露体系等，聚焦可持续发展、医疗教育、赈灾济困三大领域，通过公益项目的运作、公益品牌的打造、优秀慈善组织的挖掘、新兴公益行业的探索等，实现公益慈善组织化、规模化、专业化新发展。

在未来的日子里，太平鸟基金会将不忘"创新公益模式，促进美好生活"的慈善初心与宗旨，积极承担社会责任，矢志践行公益事业，将公益融入社会的各个领域、将爱心送达社会上的各类群体；同时坚定融入国家重大战略建设事业，在美好社会建设中发挥和贡献公益慈善的独特价值。

太平鸟集团党委书记、总裁戴志勇表示："作为一家具有社会责任感的公众企业，太平鸟坚定地认为'一个有温度的企业才能生生不息'。因此，公益事业始终伴随公司的成长与发展。一直以来，太平鸟不断前进，追求社会贡献最大化。"

截至2023年，太平鸟捐赠款项及物资总额已累计突破2亿元，多次获得国家及省市各类公益奖项和荣誉。

第六章　洛兹集团

第一节　走进洛兹

一、企业简介

洛兹集团始创于1991年，30多年来，洛兹致力于服装设计制造、品牌加盟运营、职业装定制服务、成衣出口贸易，是国内服装界具有较大规模和影响力的民营企业。

集团坚持"以人为本"的发展理念，通过聘请国际设计大师挂帅集团设计中心，不断引进一流的西服样板师、工艺师及内、外贸经营管理人才，形成了一支高素质的设计、经营、技术队伍。

集团坚持"科技先导"的生产理念，投资引进德国、意大利、日本的先进设备，形成性能优异的高级西服及各类服饰生产流水线。至2008年，洛兹工业园区已具有年产衬衫800万件、西服80万套和其他服饰1600万件（套）的能力。企业严格贯彻ISO 9001：2000质量管理体系，确保产品的一流品质。

集团独创"立体营销"的销售模式，建成由专卖店、专厅及代理商组成的遍布全国的多元化营销网络体系，同时依托品牌魅力和网络体系，积极开展职业服业务，是公安部定点生产企业之一。2004年，洛兹与中国南方航空集团公司联合成立了南航洛兹服饰有限公司，标志着集团在抢抓机遇、大力发展团服战略的道路上又迈上了一个新台阶。

集团坚持品牌化经营方向，洛兹荣获首届中国名牌称号，并荣获"国家免检产品"称号。集团旗下同时还拥有从法国引进的"法雷德"商务休闲服、日本运动休闲服饰品牌"保罗—哈博"、大众消费定位的"博尼杰克"男装品牌和南航洛兹服饰"兰柏顿"品牌等系列品牌。

基于品牌积淀，洛兹抓住第三产业升级契机，成功投资了商业项目。公司旗下的洛兹家居商贸城占地350余亩，运营总面积达20万平方米，其中板材和陶瓷类产品的零售批发占整个宁波地区市场份额的60%以上，是宁波乃至华东地区优势明显的大型建材家居批发、零售集散中心。公司旗下的洛兹商业广场，总建筑面积达7.8万平方米，于2009年建成运营，在宁波商界具有较大的影响力，2019年位列腾讯官方商业人气榜大数据调查海曙区第一、宁波大市区第十一名，是海曙区西南最为重要的商业综合体。

洛兹集团始终不渝地坚持"五个结合"的发展思路，即品牌与多品牌的结合、国内市场与国际市场的结合、传统产业与高新技术的结合、产业经营与资本经营的结合、自我经营与合作经营的结合。

"百年基业始于足下，百年洛兹从今开始。"每一次的产业升级、每一个板块的蓬勃发展，带来的不仅是当下的挑战与收获，更对企业未来发展产生深远的影响。荣誉属于过去，拼搏成就未来。为更好地服务客户，提供更为优质的产品，洛兹集团积极打造"创意洛兹、品牌洛兹、和谐洛兹、国际洛兹"的企业形象，在智能化科技潮流中，努力向着更高的目标迈进。

洛兹生产车间（图片来源：洛兹集团官网）

二、企业荣誉

1994年，洛兹男衬衫被评为"中华精品"。

1995年，洛兹被评为首届"中国名牌"。

2003年，洛兹荣列全国服装产业"产品销售收入"百强企业第13名，并获"国家免检产品"称号。

2004年，洛兹荣获"浙江省百强企业"称号。

2006年，洛兹品牌荣获"中国驰名商标"称号。

2007年，"ROUSE洛兹"商标被认定为"中国驰名商标"。

2012年，洛兹入选"中国民营企业500强"。

2014—2018年，洛兹被评为"中国品牌影响力十大品牌""政府采购十大服装供应商""中国商务男装十大品牌""中国职业工装十大品牌""全国服装行业AAA级诚信企业"。

2015年，洛兹被评为"十大男装品牌"。

2020年，在"2020中国服装招标采购评价推介"活动中，洛兹成功斩获"2020中国职业装十大品牌""2020政府采购十大服装供应商""2020中国商务男装十大品牌"等多项殊荣。

三、企业标识释义

企业标识（图片来源：洛兹集团官网）

洛兹集团选择"ROUSE"作为英文标志，是因为其"奋起"的意义与创业者的创业情怀不谋而合，洛兹的成长之路就是一段奋起之路；更是因为其形象组合无不体现着洛兹人的企业理念与企业精神。标志中ROUSE的首字母R的竖如古罗马柱般典雅庄重，而逸动轻灵的色带如东方的丝绸在飘动，形成东西方风格的融合统一。标志整体动静结合，沉稳而飘逸，寓意着洛兹集团稳固成长、锐意进取的创新精神。同时标志又似迎风而起的旌旗，象征着洛兹服饰引领时尚潮流的信念和追求。整个标志风格朴实而不失华贵亲和，充分体现了服饰行业动态、时尚、现代的特征，符合洛兹集团不断创新的企业成长之道。整个标志采用墨绿色，色调清新自然，富含勃勃生机，寓意洛兹的事业如苍松翠柏，永驻高峰；绿色意味着永恒，表现了洛兹对事业的执着和不断追求创新的精神；同时色彩充满韵律感又雅致精细，恰如其分地点明了洛兹产品的市场价值所在。

第二节　洛兹创始人罗奇华

一、人物简介

罗奇华，男，汉族，1960年出生，浙江宁波人，中共党员，复旦大学工商管理硕士，曾任宁波洛兹制衣有限公司董事长、宁波洛兹集团有限公司董事长、宁波市服装协会副会长。

二、创业经历

1991年，洛兹集团正式成立。作为公司董事长，罗奇华仅用20年的时间，就把一个起步总资产不足万元的村办企业打造成了一个拥有职工3000多人，年销售收入突破17亿元，在全国市场综合占有率名列前两位的现代化股份制集团。

罗奇华出生在一个贫困家庭，他在读完初中后便辍学工作，开始独自谋生。经过几年的摸爬滚打，1985年，25岁的罗奇华当了一家村办纺织机械厂厂长。可这家总资产不足万元的厂子一开始就遭遇了纺织行业的发展低谷。面对商海跌宕，罗奇华当机立断——转产！1992年，"洛兹制衣"诞生了，这就是洛兹集团的前身。

1995年，洛兹的生产上去了，销售也跟上了。这时，罗奇华的又一个举动给服装行业带来了一股劲风——开发极品衬衫。耗时半年，极品衬衫投入市场，其面料是有"软黄金"之称的羊绒。极品衬衫在杭州、宁波同时上市，数量仅88件。公司承诺，三年后，无论新旧，厂方将按原价返还购买衬衫的全部金额。极品衬衫竟价到每件3880元，结果很快售罄。这一消息很快引来了全国众多媒体的报道。

高质量的产品给集团和罗奇华带来了荣誉。洛兹先后被评为"中华精品""中国十大著名男装品牌""首届中国名牌"，集团先后被评为"中国优秀民营企业""全国大型乡镇企业"，罗奇华也获得了"浙江省优秀企业家"称号。

随着2001年中国加入世界贸易组织（WTO），许多服装界人士认为中国服装业的春天来了。可是事与愿违，没有自身品牌的中国服装业处处受制于人，在与欧美的贸易摩擦中频频受挫，有倾销之嫌的中国服装业发展更加困难。罗奇华较早地看到了这一点。中国加入世界贸易组织后不久，他就以国际化品牌标准打造新洛兹品牌，并在国际上频频亮相，连创佳绩。

早在2001年之前，罗奇华就发现，服装产业结构过于单一，会影响其进一步发展。为此，洛兹较早提出了向更具个性、更时尚的商务休闲男装靠拢的思路。这种特色差异化的市场定位，在洛兹的市场拓展中得到了印证。洛兹逐渐成为商务男士的首选品牌，专卖店效益和销售总量双双大幅度增长。据统计，2008年，洛兹牌男衬衫在全国同类产品市场综合占有率和销售列第二位。

2005年12月24日，由洛兹控股的国际品牌"保罗哈博"在宁波开设了大型专卖店。从洛兹到法雷德再到保罗哈博，集团形成了从单一品种向多品种经营、从单品牌到多品牌发展的格局。集团的主导品牌洛兹服饰，也从原来的单一衬衫走上了西服、夹克、服饰系列化经营的轨道，多品牌经营体系已基本形成。

几年来，洛兹一直在忙于对原有的销售网络进行"瘦身行动"。在罗奇华看来，此举是为了强化现代营销网络体系建设，确保每一个店发挥最大效益。

早在2004年，罗奇华就提出了"全面整合洛兹国内销售网络体系，实行严格的分级制，确立以单店销售为中心的经营策略，将优势产品、优势资源集中到重点销售网络"的决策，以提升销售网络体系。之后，为进一步完善和整合销售模式，公司又做出新举动：派员到中外合资上海保罗哈博服饰有限公司学习先进销售物流软件RUNSA的运用技术及运用经验，实现了全国"一盘棋"的管理。

经过15年的努力，洛兹集团建成了一个自营与区域代理并举、商场专厅与专卖店同时发展、国际品牌合作与代理、覆盖全国的立体网络销售体系。全国有洛兹的各类经营网点超过千家，集团与法国、美国、澳大利亚、日本、韩国、爱沙尼亚等客商建立了长期的贸易关系。

回望过去，曾经有一段时间，产能、规模、档次虽然提升了，但洛兹的销售规模和产品效益却没有明显提升。为了有效应对"大企业病"

的挑战，作为公司的决策者，罗奇华用了整整一年时间，亲自在洛兹国际服装产业园潜心调查和探索，对园区的经营体制和管理体制进行了大胆的突破，让企业高级管理人员参股，与集团公司捆绑在一起，实行独立核算、独立经营、风险共担、利益共享的内部独立公司的经营模式，走出了一条独特的规模经营之路。

罗奇华发现，改变单一的产权和经营机制，可以令企业发展速度成倍增长。于是，洛兹集团董事会一致决定，在国际服装产业园区实施由高级经理人持股，独立经营公司的运作方式，将园区一分为八，对外统一形象、统一管理；对内成立八家相对独立、自主经营和运作的"独立公司"，分别是衬衫、西服、针织、夹克、外贸、时装等八家独立的公司，每家独立公司经营者出资占有相应的股份。集团除正常的监督管理和董事参与决策外，平时的企业经营和开拓都由这些独立公司的负责人全权运作。

作为一位民营企业家，对大规模的产业园区实施大胆独创的经营、产权体制改革，的确需要勇气和胆识，它打破了民营企业单一产权的模式。

罗奇华的这一做法，不仅能够主动把经营权让给在一线打拼的高级管理者，更是将这些管理者当作兄弟，平分"天下"。不过，这种看似简单、正常的向现代化公司产权、经营体制模式转变的过程，在民营企业中能够做到如此大踏步和如此到位，没有一定的先见之明和战略眼光是不行的，没有企业家博大的胸怀和为社会、为职工做强、做大企业的决心也是不行的。

在罗奇华几个月时间的运作之下，洛兹工业园区的经营变革取得了巨大的成功，八家独立公司的运作效率大幅度提升，每家独立公司的业务和效益与同期相比都出现了成倍增长。那些因为经营方式调整胜任不了岗位而被调整的员工也心服口服。一些令人振奋的现象出现了：为了赶制一批订单，管理者和生产工人连日加班到深夜，保质保量完成任务；为吸引更多的国外订单及国际大买家，外贸分公司在短短一个多月里，对原来的生产及设施进行改造提升，全部通过了各种国际标准的验收和认证，成为能够全面接受国际大订单的高标准车间之一。生产公司成了市场的主体，拥有了自主经营的活力，潜力被大大地发挥出来。更难得的是各独立公司之间能够相互合作、共同提升、互为补充，使整个园区成为一个有战斗力的整体。

除了在园区实施产权和经营体制改革外，罗奇华对洛兹服装板块的全国销售市场体系也推行了全面自主、独立经营体制的改革。集团已把全国销售体系分成六个大区的销售公司，实施承包风险经营模式。集团除统一品牌形象管理的市场监督和财务监督外，完全由分公司自主经营，并让这些经营者拥有相应的股权。现在，完整的改革措施和政策已经全面形成，洛兹的全国市场销售有了突破性的增长和发展。

在外贸公司这一块，罗奇华主导的改革使每个人的事业心、责任心都大大增强，主动加班加点成为家常便饭，生产、管理都有了质的飞跃。公司曾经的经营方式是喂奶式的等、靠、要，而现在更多的是自找门路、自我发展、自我突破、自主创造，主动与社会各种资源渠道整合。车间方面经过全面提升和改革，完全达到了国际一流品牌的要求。英美等一些国际一流品牌的采购商纷纷下单，外贸业务量成倍增长，而且速度越来越快。

如今，产业园区的八家公司的发展蒸蒸日上，鉴于洛兹工业园区这种灵活的经营模式，许多宁波及周边地区的外贸公司、物流企业等也纷纷要求进驻产业园区，希望依托洛兹这个大平台，共同把市场做大。罗奇华说："洛兹不但在内部实行开放的经营管理模式，同样也欢迎外来的公司品牌进入，包括国际品牌。和大家资源共享、利益共享、共同做大，最终把园区打造成国际一流的服装产业园区是我们的目标。"

民营企业经过多年的发展，都面临着再次创业的挑战，更面临着管理经营体制的改革，必须彻底解决民营企业中的"大企业病"，让企业内部也成为市场经营的主体。改革过程虽然伴随着阵痛和争议，甚至是非议和谣言，但作为企业家、决策者，只有经受得起这些挑战和困难，才能走在改革的前列，再度引领中国服装业发展的潮流。

罗奇华属于奋进和开拓型的企业家，他不但具有"创世纪品牌，树百年洛兹"的执着信念和对服装行业的无限热情，更兼具改革的精神和创新市场的能力，正是在他的带领下，洛兹才有了今天的成就。

罗奇华是如何看待自己和自己所做的事业的呢？有记者以"罗奇华：做有历史责任感的投资者"[①]为题做了采访报道。

有人用"时势造英雄"形容罗奇华：从村办纺织机械厂转产衬衫再到推出极品衬衫，用羊绒当面料，连纽扣也用天然材质做，让洛兹品牌一炮打响……他对认准了的目标，十分执着。每年他都会抽出时间跑遍全国各大城市，逐一察看洛兹每家店铺的销售情况。

也有人说罗奇华"柔"。他为人处世总讲究情义。他每年最大的满足和放松时间是春节放假的这几天。看着一个个员工兴高采烈地扛着大包小包满载而归，最后一个离开公司的总是他。

其实，刚柔相济是罗奇华一直追求的管理理念。面对二次创业，罗奇华感叹自己"已精疲力竭，水平还不够，是名不称职的CEO，但是一名有历史责任感的投资者"。

关于区域集群经济竞争，罗奇华认为，宁波是目前中国最大的，同时也是世界著名的服装生产基地。宁波服装业的产业优势、资源整合能力、品牌企业规模实力，目前在国内还没有一个城市可以撼动。

宁波人只是做事比较低调、不喜张扬，这也是宁波商帮的一大特

---

① 佚名. 罗奇华：做有历史责任感的投资者. 全国服装网，2006 年 11 月 30 日，http://fushi315.com/news/more.aspx?xl= 企业报道 &page=45。

色。以事业为重是宁波服装企业家最大的特点，大家都想把服装业做大做强。相比之下，温州服装更侧重专业。宁波企业家值得自豪的还有信誉好、口碑好，一直遵循"诚信为本"的原则。

关于服装艺术品理论，罗奇华认为，世界上有两大活动经久不衰，即体育比赛和时装秀。从某种意义上说，服装是种艺术品。在法国，一件好的高级时装，照样可以卖出一辆奔驰车的价格。

但从普通产品升格为艺术品，得靠品牌文化、品牌内涵。服装业要强调"软"服务、个性化服务。今后男装要当时装制作，而服装店则要像超市一样方便。

关于品牌定位，罗奇华认为，对于品牌定位，洛兹找到了自身的发展方向：向主品牌"洛兹"不断注入更多休闲时尚色彩，开拓商务休闲装"法雷德"品牌、运动休闲装"保罗哈博"品牌、航空职业装"兰柏顿"品牌等，形成从单品牌到多品牌发展的格局。

关于立体营销观，罗奇华认为，以往，人们只关注对市场的细化。现在不行了，细节决定成败，企业的每一个决策过程都像进行一次外科手术，都必须认真应对。

一个企业的所有思维、创意、操作，从开始到收尾，都可以认为是一个营销过程；其形式也延伸到企业战略、文化、策划、生产、销售等各个环节。做营销必须获得立体效果，否则不如不做。

在这种理念之下，洛兹独创了"立体营销"的销售模式。在地域上，根据中国市场区域化的特点，做到全国营销、地方包装，建成遍布全国的多元化营销网络体系。

关于开拓国际市场，罗奇华认为：我国在2002年加入世界贸易组织后，就应努力在国际品牌服装市场占有一席之地，这是他们这一辈服装企业家应承担起的社会责任。洛兹将以打造国际化品牌为动力，以后若有能力，一定要到巴黎、米兰、东京等时尚之都去开专卖店。

关于今后规划，罗奇华表示，洛兹提出了集团五个结合的发展战略：单品牌与多品牌结合、国内市场与国际市场结合、自我经营与合作经营结合、传统产业与科技产业结合、产业经营与资本经营结合。这几点已在洛兹管理层中达成共识。

第三节　洛兹的企业文化

一、企业精神：诚信、文明、责任

在现代社会，诚信是从事各种商业活动必备的企业精神，更是市场经济的灵魂和文明经商的表现，是企业家的一张真正的"金名片"。洛兹非常看重这张名片。

企业原本就是一个社会综合责任体。企业必须对自己的产品负责，对自己的员工负责，对自己的广告和承诺负责。也就是说，一家企业必须在所有法律框架和社会道德范畴下为自己的一切企业行为负责。

洛兹的发展壮大，离不开全体员工的辛勤劳动，也离不开全社会的大力支持。员工为企业负责，企业为社会负责，对于洛兹而言就是天经地义的事情。洛兹继续生存和发展的目标，就是造福社会，扶持困难民众。

洛兹早在2003年就出资100万元，设立了"洛兹慈善扶贫基金"，每年基金的收益能够救济和扶持50余户困难家庭。

2008年四川汶川大地震时，洛兹在第一时间捐赠了成本达80万元的学生服。

洛兹最大的责任，就是要"创世纪品牌、树百年洛兹"，把企业"做稳、做好、做远"，使企业稳健发展、员工幸福安康、国家繁荣富强。

二、发展理念：做稳、做好、做远

做稳，并非喜稳好守、怕创新而承担风险，而是要胸有成竹、稳扎稳打地使企业不断发展。

做好，是指做大多数人都说好的事，并竭尽全力去做好此事，不能把好事做坏，更不做坏事、傻事，使企业步步为营地谋发展。

做远，就是要顾全大局，做能给企业和社会带来长远利益和可持续发展的事，不做只顾眼前利益，却有损企业前景和社会利益的蠢事，使企业经久不衰，最终成就百年洛兹。

做稳、做好、做远，就是洛兹企业的发展理念。

三、品牌战略

第一，在稳定和巩固洛兹、法雷德、保罗哈博等大众时尚服饰品牌的基础上，洛兹加快开发和推出创新品牌和高端品牌，并实施品牌升级战略和完全型品牌管理模式。创造时尚服饰国际化品牌、前卫创意品牌、国内一流时尚大牌，同时树立洛兹整体性时尚大型企业和专业运营机构的企业形象。

第二，实行洛兹品牌发展规划管理，确定品牌经营模式和拓展计划，逐步实施洛兹品牌升级工作，设计和决策新品牌、新产品和新运行项目（新业务部门和公司）的开发。洛兹每年都对品牌发展和运作情况进行分析评估，推出新年度品牌发展计划或品牌升级规划，确定洛兹品牌年度规模、市场布局、推广行动、拓展、终端等指导性指标。洛兹每年都会提出2个以上品牌创新项目。

第三，树立"品牌背后是品牌企业，品牌企业内在是品牌人"的理念，将品牌维护和品牌管理注入企业基础管理和人员管理。所有品牌设计、生产、物流、销售、商务、管理、服务部门和场所，都要按品牌档次和形象要求，强化基础管理，优化现场管理，美化行为管理。

第七章　博洋集团

第一节　走进博洋

一、企业简介

宁波博洋控股集团有限公司（简称"博洋"或"博洋集团"）是一家大型综合性时尚产业集团，于1995年创立，总部位于浙江省宁波市。经过20多年的发展，博洋已形成包含家纺、服饰、商旅三大实业集团，以及空间、工业、金融、创服、物产五大产业板块的经营格局，旗下有自主品牌30余个，创业团队100余个，零售终端5000余家，国内主要综合性B2C、C2C平台及社交类新零售店铺300余家。凭借优异的业绩，博洋多次入围浙江省百强企业、中国民营企业500强、中国制造企业500强。

博洋的前身是1958年成立的宁波永丰布厂。20世纪90年代初，永丰布厂作为纺织产业改革的示范企业进行改制，博洋纺织有限公司成立了。

1994年，博洋在国内率先提出"家纺"的概念，次年以自主品牌进入国内市场，并带动中国纺织行业协会全面导入"家纺"这一行业名称。也是在1995年，博洋服饰有限公司成立了，并创立了"唐狮"休闲服饰品牌。凭借敏锐的行业洞察力和独特的经营理念，博洋在纺织服装业大展身手，多次荣获各级纺织百强企业和全国服装行业百强企业等称号。

2002年，博洋开始品牌"裂变"，探索多品牌经营的新的发展模式。2009年，电子商务方兴未艾，博洋大力推进电商业务，将电子商务这一非传统渠道业务纳入集团长远发展战略。经过多年耕耘，博洋集团成长为中国领先的家纺、服饰行业新零售品牌商。

从1958年的街道织布厂，到1995年开创自主品牌，到2002年不断裂变，再到2015年成立众创空间，博洋已经成为广纳年轻人的创新创业平台。博洋对自己的定位是一家创业型企业，未来愿景是打造一个一流的创新创业平台，为有想法、有激情的年轻人提供培育梦想的土壤，发展成为国际一流时尚集团型企业。

品牌战略一直是博洋战略规划的核心部分，经过60多年的奋斗，博洋从一家外贸生产型的工厂，发展成多品牌运营的产业集团。

博洋的品牌故事，始于博洋的第一个品牌"博洋家纺"，至今已多点开花，发展出30多个自主品牌。在家纺板块，有博洋家纺、博洋家居、艾维、棉朵、博翠家居、博洋宝贝、喜布诺、BEYOND 1958等不同定位的品牌；在服饰板块，运营着唐狮、德玛纳、果壳、艾夫斯、涉趣、YSO等知名品牌，覆盖多个细分品类；在小家电板块，有Srue、Kireehom、Beeant等新兴品牌。其中，主力品牌"博洋"和"唐狮"多次入选"中国500最具价值品牌"。据2021年宁波品牌榜数据，"博洋""唐狮""果壳"品牌总价值已达160亿元。

从家纺行业向服装行业、小家电行业不断延伸，从单一品牌到多元化的品牌战略布局，博洋在发展的每一个关键时期、每一个关键步伐，都在不断突破自我、大胆创新。

博洋控股的产业投资也初具规模，近几年，在纺织服装产业、旅游、金融、房产等领域进行投资，实现企业跨越式的发展。同时其业务涉足产业投资、旅游、跨境贸易等领域，努力拓展博洋"幸福家生活"理念的外延价值，以生活度假为切入点拓展外延产品。目前博洋集团拥有4A、3A风景区及多个在建或待建的产业综合体，以及以创业产业孵化为切入点的空间产品，运营着创客157、博洋智谷、前洋26等产业园，还有多个正在筹建的主题产业园。定位为时尚创意产业的聚能空间、产业开放协作平台、时尚生活方式引领空间的"宁波时尚创意中心"（NFCC）项目也于2019下半年动工建设。

现在，博洋集团在浙江、安徽、上海等周边区域投资建立了纺织面料、服饰、家纺生产和物流配送基地，以优化产业结构；同时，积极开拓金融等领域，各产业投资形成良好的互动。

博洋集团内景（图片来源：王成提供）

二、企业荣誉

1998年，获得ISO 9001质量体系认证。

2000年，被中国工业经济联合会授予"中国家纺第一品牌"称号。

2001年，被认定为"浙江省著名商标"。

2004年，荣获"浙江省知名商号"，博洋第一次入围"中国500最具价值品牌"，品牌价值达27.64亿元。

2005年，被评为"中国企业信息化500强企业"，唐狮第一次入围"中国500最具价值品牌"，品牌价值达29.74亿元，唐狮获"中国青年最喜爱的服装品牌"。

2006年，荣获"中国纺织品牌文化创新奖"，被评为"宁波市百强企业"。

2007年，被评为"中国纺织10大品牌文化企业""中国制造业500强企业"。

2009年，第四次荣获"中国500最具价值品牌"，品牌价值达34.97亿元。

2012年，被评为"亚洲品牌成长100强"。

2014年，获得"最具成长力家纺品牌"、浙江省制造百强企业第64位、"宁波市人力资源管理杰出企业""区长质量管理奖"等荣誉。

2015年，博洋家纺被中国纺织工业联合会评为"最具市场价值家纺品牌"。

2016年，入选"中国500最具价值品牌"，品牌价值逾119.75亿元，品牌排名第283名。

2017年，荣获中国纺织工业协会"2017年度纺织十大创新产品"称号，荣登CCTV中国品牌榜。

2018年，荣获"2018年度中国家纺家居品牌传媒影响力大奖"。

2019年，博洋家纺荣获"浙江制造"品字标认证，成为家纺行业第一个拥有"品"字标认证的品牌。

2020年，被授予"中国纺织行业工业设计中心"，入选"宁波品牌十强榜"。

2021年，入选"2021年中国民营企业500强"，位列第412名，入选"2021浙江省百强企业"，排名第80位，被人力资源和社会保障部、中国纺织工业联合会授予"全国纺织工业先进集体"称号。

2022年，入选2022年中国民营企业500强榜单，排名第415位，入选"2022中国制造业民营企业500强"榜单，排名第255位。

三、企业标识释义

博洋标识（图片来源：博洋集团官网）

"博洋"这两个字出自《韩非子·梁曰》中的"博洋内涵，亦可入学也"这句话，意为心胸宽广、相貌英俊，同时也暗含着才华横溢的意思。企业标识中的几何图案是一圆、一方的变形，表达了博洋人柔中带刚的真性情，也从侧面凸显出了人的修身涵养与人和理念。

第二节 博洋创始人戎巨川

一、人物简介

戎巨川，男，汉族，1963年出生于浙江慈溪，1982年毕业于浙江工学院（现浙江工业大学）宁波分校机械制造专业，毕业后被分配到宁波永丰布厂任技术员；1984年，任宁波永丰布厂车间副主任；1985年，任宁波永丰布厂厂长助理；1986年，时年24岁的戎巨川出任永丰布厂厂长，开始博洋的第一次创业；1995年，永丰布厂改制成博洋纺织有限公司（2011年成立博洋控股集团，2016年更名为宁波博洋家纺集团有限公司），戎巨川任董事长兼总经理；2020年，戎巨川被评为"海曙区突出贡献企业家"；2022年，荣获"宁波市新时代中国特色社会主义事业优秀建设者"称号。

二、创业经历

1986年，戎巨川出任永丰布厂厂长，那时企业濒临倒闭，他大胆与上海一家大公司搞联营，用联营的资金搞技术改造，使企业起死回生，渡过了第一道难关。1989年，国际市场变幻，企业产品大量积压，戎巨川又果断选择开发新产品——开司米童装面料，当年企业就创利100万元。1992年，美国开始抵制中国纺织用品，他又领着企业调整市场方向，及时拓展日本、欧洲及东南亚市场，使"博洋家纺"的名字在国际市场上更加响亮。1995年，永丰布厂改制成博洋纺织有限公司，戎巨川任董事长兼总经理，开始全面介入国内市场，实施品牌战略。

戎巨川事业发展的过程写满了艰辛和辉煌，他把当初一家资产不足36万元的街道小厂变成了目前拥有博洋家纺、唐狮休闲服、33 LAYER、涉趣、华尔思丹等15个品牌，拥有多家分厂、多家子公司，在各大城市设立专卖店，销售网店达600多处的集团企业。1996年，企业凭借多年从事家用纺织品出口的优势，在国内率先提出"家纺"概念，并创立"博洋家纺"品牌。2000年，博洋带动整个行业的发展，形成了中国纺织的"中国家纺年"，为中国纺织以后20年的发展开辟了一条新型的产业道路；2006年，博洋集团国内品牌销售突破40亿元，外贸出口1.2亿美元，实现利税9000万元；2010年，博洋集团总销售额达65亿元。

随后，博洋集团又从传统的制造型企业走上转型之路，即发展总部经济，把研发和销售中心设在宁波，生产基地转至外地。戎巨川认为，这样更有利于博洋扬长避短。研发和销售是博洋的优势，留在宁波可以得到强化；把生产基地建到全国各地，可以在当地找到更好的产业链对接，从而弥补短处。

除了大力发展总部经济，博洋集团还开始涉足电子商务并尝到了甜头。2009年，集团网络销售额只有几百万元；到了2010年，其网络销售额迅速增长到1.5亿元以上，2011年突破了10亿元。

戎巨川认为，企业要清楚自己的长项和优势在哪里，然后找到适合自己生存的土壤。戎巨川正雄心勃勃地带领博洋人继续以满腔的热情、富有想象力的设计，将博洋家纺建设成为国内最大的点线式终端控制者，以及国内最大的家纺品牌拥有者。

在浙江，博洋品牌家喻户晓，但其掌门人戎巨川却相当低调。作为宁波博洋控股集团董事长，这位宁波企业家仿佛有着魔术师般的神奇手段：24岁临危受命，让濒临倒闭的手帕厂起死回生；32岁注册"博洋"商标，开启了品牌之路；45岁开始当"甩手掌柜"，让公司自由"裂变"……

2019年，博洋的产值超过了200亿元。但戎巨川说，他还有个"博洋梦"，要在未来使博洋成为万亿元级企业。

在一次慈溪新生代企业家走进博洋活动中，戎巨川打开了话匣子，从博洋的30多年的发展历程说起，分享了他独特的公司经营理念和这一路走来的感悟。

博洋这个公司，有一点名气，但厂房却很小，做出来的产品也没有高新技术的感觉，就是做床单。

博洋起家时的规模更小。戎巨川毕业后分到永丰布厂的时候，老厂房只有3200平方米，有600多名员工，他的工号是604号。厂里还有400多个退休工人。当时厂里在做茶巾，其实就是美国人的擦桌布。博洋于1958年办厂，而戎巨川于1982年进厂，近30年的时间，博洋一直在做擦桌布，经营非常困难。

一直到1994年，戎巨川和博洋服饰集团董事长吴惠君同时设立了博洋家纺和博洋服饰品牌。博洋家纺品牌是由戎巨川来主导的。

到2000年，博洋发现，要想赢得更大的发展，公司在体制上还要进行一些革新。当时，家纺和服装的发展遇到了瓶颈，宁波引进世界级人才非常困难，引进营销人才也非常困难。

戎巨川思考了很长时间，他认为这个问题不在于社会，不在于别人，问题就在自己这里，在自己脑子里，在自己的做法上。

博洋没有"下面的公司"概念，博洋现在的公司治理结构，有三个层面。

第一个层面，就是平台化的"博洋控股有限公司"。博洋控股几乎没有完整的法人公司能力。那么它起什么作用呢？它发挥着土地和空气般的支撑的作用。控股集团认可产业公司的创业方案、参与投资，成为产业公司以后发展的基础。

第二个层面，是产业集团公司。比如博洋服饰集团、博洋家纺集团，接下来还会有博洋商旅集团。商旅集团有两大板块，即博洋内部孵化出来的家居、电器板块。产业集团公司承担着产业管理职责，相对来说具有一定的公司法人能力，但是也不全面。

第三个层面，是各产业公司。比如说，博洋家纺有限公司做实体公司，博洋家纺网络公司做线上。每一家产业公司的成立、运作，都完全独立，不是下属公司。从资本关系上，产业公司可能是控股集团的子公司，但它们是平等的，甚至这个独立公司处在上面一层，控股集团处于下面一层。所以在博洋这里没有"下面的公司"这个概念。

博洋控股现在有员工一两百人，基本不直接承担生产指标，主要设置了四大块：财务、审计、研究院、人才部。职能部门没有权限，不能直接领导产业公司和子公司，但他们要有底线思维能力，具备赋能的能力。这可能是博洋与其他企业区别最大的地方。

博洋家纺和唐狮做到十几亿、几十亿元规模以后，分了20多个品类，由各个小组来做，一个小组就是一家公司，运作都是公司式的，小组长权力非常大，这叫"让听得见炮声的人做出决策指令"。

一般来说，公司规模达到亿元级别后如果仍由一个人来直接管理，效率就会慢慢降低。此时，就要尽快让公司裂变，总经理做董事长，继续裂变。所以，裂变是公司发展最有效的法宝。裂变，不断地裂变。

通过裂变的方式，通过吸引更多优秀人才、更多优秀的合作伙伴，成为优秀的市场开拓者、合作者，来发展博洋的产业。[①]

第三节　博洋的企业文化

一、核心价值观：超越、执着、关爱

超越：超，即高远；越，即跨过。超越就是积极进取，不断认识自我，突破自身局限，战胜自己。其行为特征为：保持激情和积极进取的工作态度，拥有勇于承担、挑战自我的个人意志，讲究创新的工作理念和方法，设定逐级跨越的长远发展规划，追求卓越的、行业第一的个人和部门目标。

执着：执，即坚持、专注；着，即着意、用心。执着是认定目标，专心致志，锲而不舍，达成目标。其行为特征为：工作中目标明确，持之以恒；对工作认真、负责；克服工作中的任何困难，学会承受压力；对专业技能求知若渴，做到个人和部门职业化；以业绩作为导向，完成各项措施。

关爱：关，即关心、留意；爱，即奉献、无私。关爱是博洋人相互

---

① 方臻子.浙商内部讲话：博洋"掌门人"——"魔术师"戎巨川（上）.浙江日报，2020﹣12﹣01.

维系的纽带，是他们共同奋斗、相互分享的精神基础。其行为特征为：注重团结合作，加深沟通交流；热心帮助在工作或生活上有困难的家人，帮助其克服困难；关心新人，帮助其成长；待人以诚，用心关怀；对消费者有高度的责任感和关爱之心。

二、企业精神

博洋，以"超越"（BEYOND）作为英文名，诉说的是一种以创新求超越的态度。博洋人秉承着勇于担当、敢于创新、善于决策、勤于思考的精神，在品牌、研发、资本等领域不断创新，实现自我超越。在博洋人的血脉中有一个基因，它的名字就叫"创新"，创新是博洋人永远不变的标记。

三、企业初心

"博世纪梦，扬民族魂"，以创新求超越，不断为创新创业者提供肥沃的土壤，共同做大做强民族企业，为中国品牌崛起而努力奋斗！

四、企业使命

博洋的使命是在家纺行业实现顾客的梦想，为天下人改善家居生活；倡导优质、健康的生活方式；提高生活质量，提升生活品位，为亿万用户提供美好生活。顾客的需要是企业存在的唯一理由。

五、企业愿景

博洋的目标是打造家纺行业的高端、知名品牌，专注于家纺事业的快速发展与可持续经营。博洋对于自己的定位始终是一家创业企业，愿景是打造一个一流的创业创新平台。

六、品牌文化

品牌定位：博洋家纺，是幸福生活的精品，是优质生活的倡导者。品牌定位是品牌建设的基础，是品牌经营成功的前提，是博洋家纺长久发展的旗帜。博洋旨在引领一种时尚与潮流，针对中高端白领阶层，打造年轻、高贵、浪漫的品牌特点。

品牌使命：致力于为中高层追求生活品质的家庭与个人提供精致、健康、时尚、舒适的产品；致力于与目标消费者群建立一种家人般的联系；致力于为消费者提供个性化的贴心服务，致力于提升消费者的生活品位。

品牌理念：实现消费者对美、对个性、对精神世界的追求，全面提升产品风格和店铺形象，从而达到提升整体品牌形象的目的，借力品牌联动，互取所长，互补所短，最终达到品牌传播的共赢。

七、人才战略

战略目标：打造规范、精简、高效的组织体系，为公司的快速成长和高效运作提供保障。基于组织体系的流畅，着力打造一支具有高度敬业精神和业务素质优良的员工队伍。

战略引导：运用科学的理念规范人才发展管理，制订人才培养及激励规划，致力于为员工创造施展才华的机会，培养打造一支富有"狼性"的尖刀团队，充分发挥人才的自主性与创造力，为保持企业持久的竞争优势而不懈探索和努力。

引才观：博洋依靠自己的宗旨和文化、成就与机会、政策和待遇，吸引和招揽合格的优秀人才。

育才观：导师制学习，让新进人才能够快速融入公司，为骨干人才创造更加愉快的工作氛围和更加适合的事业发展平台，充分挖掘和发挥人才的潜力。

用人观：博洋严格按照岗位测评结果，让最合适的人到最合适的岗位工作。应用岗位胜任力模型，通过"人—岗"匹配评估，为招聘、培训、升迁、认知自我、职业生涯规划等提供依据，确保所选员工最符合岗位胜任模型要求。

留人观：重视员工个人价值的体现，创造一种自我激励、自我约束和促进优秀人才脱颖而出的学习型组织。

用人理念：博洋家纺在快速发展的过程中，深信人才是公司最具竞争力的因素，坚持不唯学历论，注重个人能力。用愿景目标激励人，用关爱和待遇留住人，让员工不断自我超越，促进人力资本价值的实现。

人才文化：尊重个性，理性批判，鼓励创新，宽容失败，民主自由，乐群和谐。

用人指导思想：重用人，更重育人；重视用好人才，更重视培养人才；重能力，更重品质；重视人才的工作能力，更重视人才的内在品质；重效果，更重目的；重视通过用好人才推动公司的发展，更重视充分满足人才需要，使公司的发展回归人才的发展。

博洋企业文化树（图片来源：王成提供）

第八章　维科集团

第一节　走进维科

一、企业简介

维科集团起源于20世纪初宁波三江口畔的和丰纱厂，历经一个多世纪的演化变迁，已发展成为一家百亿元级规模的高新产业投资集团，聚焦新材料、新能源、新物联三大核心产业，构建围绕核心主业的高新科技、产业供应链、资源资产投资赋能平台，面向市场培育产业核心竞争力。

维科主动融入国内国际双循环发展格局，推动绿色低碳发展。维科集团投资及运营的领域主要包括：纤维科技新材料——产业用新材料、家用科技面料；新能源锂电/钠电科技——3C数码电池、钠电储能电池、二轮车等小动力电池；高新物联科技——大宗贸易全链路智能化数字平台、期货/保税仓储物流；投资赋能平台——高新投资、高新基地、不动产物业、大宗贸易、融资租赁。维科旗下有投资控股企业100余家，股权投资企业60余家，其中A股上市及新三板挂牌企业20余家。

维科积极与中国国投高新产业投资有限公司等央企建立战略合作关系，担任国投创业等基金管理公司共同管理人，管理基金规模近500亿元，重点投资新能源新材料、2025智能制造、新一代电子信息及自动化技术、人工智能等前瞻性、战略性产业领域。

实施"1+3"发展战略：围绕高新产业投资集团定位，做强投资总部，聚焦新材料、新能源、新物联三大核心产业，深化战略运营管理体制与长效考核激励机制变革，聚焦发展、资源协同、优势互补，全力达成产业发展目标。

引领绿色智慧科技：大力发展新材料、新能源产业，优化产业结构，实现绿色低碳发展；科学谋划新物联产业，推动数字经济和实体经济深度融合，实现产业数字化；聚焦发力高新投资产业，围绕集团三大核心产业持续做大体量，实现规模效应；培育壮大高新基地，激发高质量发展活力，实现高新产业集群发展。

维科控股集团股份有限公司是以纺织、房产、能源为支柱产业，贸易、投资综合发展的多元化、国际化产业集团。集团涉及的产品和服务广泛而专业，从纱线、面料、服装和家纺，到电池、住宅、商业广场、全球贸易和投资服务，客户遍及全球150多个国家和地区。维科拥有纺织、房地产、贸易、能源、投资五大业务板块，2011年8月，维科家纺凭借在家纺领域的创新，荣获"2010—2011年度中国家纺最具科技创新奖"。

作为我国纺织品行业中率先提出"生态纺织品"概念并付诸实际行动的企业之一，维科获得了中国家纺行业首张CCIC生态纺织品认证证书。在设计和生产产品时，维科始终坚持产品生态设计原则，在产品的原材料获取、生产、运销、使用和处置等整个生命周期都十分注重产品对人体的舒适性和健康环保，将"生态纺织"概念贯彻到生产的每一个环节，从原料采购到成品下线，全程严格按照环保工艺加工生产，以国际认证标准作为生产标准，确保每一件产品的"安全"。

维科集团成立伊始，就以开放的心态确立了国际化经营战略，在全球范围内寻找资本、技术、人才和市场，拓展市场空间。为实施品牌国际化战略，曾先后在日本、荷兰、波兰、多哥、墨西哥、贝宁、巴西等国家和地区设立了分公司或办事处，与世界上150多个国家和地区建立了贸易关系，其中80%以上的主导产品出口日本、美国、欧洲等50多个国家和地区。借助宁波北仑工业园区的家用纺织、高档面料和针织服装生产基地，维科引进了伊藤忠、日清纺、川岛织物等国际纺织巨头入驻。维科镇海工业园以中外合资的形式建设，已具备年产13000吨缝纫线的生产能力，成为亚洲最大的缝纫线生产基地。通过与日本、美国、欧洲、非洲企业的合作，维科家纺拓展整合了国际营销资源。

集团以"回报、发展、责任"为核心理念，以"同创伟业，共享未来"为员工共同的价值导向，按照"研发创新、品牌营销、高效运营"的战略思想，在全球范围内整合资源，推进产业用纺织品、能源新材料等新产业发展，全力实现"创国际一流品牌，建维科百年伟业"的宏伟战略目标。

维科集团车间一角（图片来源：王成提供）

二、企业荣誉

1997年，维科玛雅毯系列产品参加第四届中国科技新产品博览会并荣获金奖，获得1997年购物首选品牌并获国家级新产品奖。

1999年，维科纺织研发中心被宁波市科委认定为宁波市级企业工程中心，维科家纺被评为外经贸部"重点支持和发展的名牌出口商品"。

2000年，荣获中央电视台《生活》栏目家居设计大奖赛布艺奖，维科甲壳素系列产品被评为浙江名优宣传产品。

2001年，维科旗下"敦煌"品牌被评为外经贸部"重点支持和发展的名牌出口产品"，维科被中国家纺协会评为中国家纺床上用品知名品牌、中国家纺协会倡导使用的床上用品品牌。

2002年，维科被认定为浙江省级企业工程中心，现已发展为浙江省高新技术中心；维科被评为浙江省著名商标、家纺行业首批"中国名牌"称号。

2004年，维科家纺跻身中国市场综合占有率五强，被评为"国家免检产品"。

2005年，维科集团荣获中国纺织十大品牌文化荣誉称号、中国家纺行业首张CCIC生态纺织品认证证书。

2006年，维科家纺产品获得中国国际家用纺织品博览会优质产品金奖，维科珊瑚绒毛毯获得国家发明专利，维科毛毯荣获"中国名牌产品"称号。

2007年，维科荣获"中国驰名商标"称号，维科色织大提花面料获中国纺织工业协会科技三等奖。

2009年，维科家纺荣获"十大时尚品牌"称号。

2011年，维科家纺在"我心目中的宁波品牌"评选活动中，荣获"金口碑"品牌称号，维科家纺荣获"2010—2011中国家纺最具科技创新奖"。

2012年，中国纺织工业协会发布了2011—2012年度全国纺织服装企业竞争力500强榜单，维科家纺位居全国前列。

2013—2015年，维科家纺连续被列入"中国家纺十大品牌"，排名第9位。

2016年，维科丝网荣获高新技术企业称号。

2017年，维科电池有限公司荣获"2017年度新能源电池行业十强企业"称号，维科锂离子电池被认定为2017年"宁波名牌"产品，维科电池院士专家工作站荣获2017年度"示范院士专家工作站"，维科集团被评为2017年度宁波市"纳税50强"企业。

2018年，维科集团被评为"中国轻工业新能源电池行业十强企业"，维科电池荣获"浙江名牌产品"称号及2018年度宁波保税区（出口加工区）质量奖，维科置业荣获"2018宁波城市建设奖"，维科集团位居宁波市综合百强第22位、宁波市服务业百强第7位，维科集团被评为"浙江省外贸创新发展示范单位"。

2019年，维科集团被评为"2019年度电池行业十强企业"、宁波市制造业"纳税50强"单位、"2019浙江省百强企业"，荣登"2019中国服务业企业500强"榜单。

2020年，维科集团荣登宁波市2020年度"纳税50强""制造业纳税50强"及"制造业50强"榜单，分别排在第41位、第23位、第24位，入选2020年宁波市综合企业百强和2020年宁波市服务业企业百强榜单，分列第27位和第6位；被评为"宁波市外贸实力效益企业"；入围"2020年中国服务业企业500强"；被评为2020年抗击新冠疫情突出贡献单位；入选"2020年浙江民营企业200强"。

2021年，维科集团荣登2021年度宁波市"制造业纳税50强"、宁波市综合企业百强第29名、宁波市服务业企业百强第7名。

2022年，东莞维科电池有限公司荣获"中国轻工业数字化转型先进单位"称号。

2023年，维科集团"VEKEN"品牌荣获宁波市"金口碑品牌"奖。

三、企业标识释义

维科标识（图片来源：维科集团官网）

维科的商标是由两颗心交织在一起的图案组成，象征着心与心的交融、手握手的服务，代表着维科是一个对人类、对社会、对客户充满爱的富有责任感的企业。商标中两个V代表VEKEN品牌是由经纬交织的纺织行业起家。V也是胜利（victory）的意思，两个V相互交织，象征着维科追求社会、企业与个人的共赢。

第二节　维科创始人何承命

一、人物简介

何承命，男，汉族，出生于1960年，浙江宁波人，中共党员，工程师；现任维科集团董事局主席兼、总裁、党委书记，兼任中国纺织企业家协会副会长、中国家纺协会副理事长、宁波市人大常委会委员；先后荣获"中国创业企业家""全国纺织突破口工作先进工作者""浙江省十佳青年企业家"等称号，为中国纺织企业战略大调整和产业升级、宁波纺织工业成功实现二次创业做出了突出贡献。

二、创业经历

23岁那年，何承命任宁波第二毛纺织厂副厂长。1992年4月到1993年11月，他任宁波浙东针织厂厂长、党委书记。当时的宁波浙东针织厂已经处于半停产状态，他用了8个月的时间就带领其扭亏为盈。1996年底，"浙东"已成为有5.9亿元资产、创造3400万元利润、拥有10多家企业的大集团，自营出口额达2200万美元，成为宁波地区最大的进出口企业。1997年，何承命被任命为宁波纺织控股公司总裁。中央提出，国企改革要率先在纺织行业突破。在宁波市委、市府的全力支持下，宁波纺织确立了"一年重组、二年重振"的战略目标。1998年5月18日，维科集团宣告成立。宁波纺织的重组以压锭为标志，通过兼并、破产、联合等方式，对23家企业的生产要素进行了全面的整合。重组的当年，维科集团销售收入达13亿元、利润翻了一番，分别占宁波市市属国有纺织工业的55%和76%，成为宁波纺织工业的领头羊。2002年，维科完成企业转制，从一家纯国有企业转变为没有一个长期固定职工，由民营资本控股的多元化的现代股份公司。维科与国际大公司开展合作，优势互补，合作开发国际、国内市场，使维科的产品档次和企业面貌发生了脱胎换骨的变化。

如今的维科集团已经跻身中国500强、中国出口100强，在中国500最具价值品牌中位居第76位，是中国最具影响力的企业集团之一。维科获得了"维科家纺"中国名牌、国家免检产品、CCIC生态纺织品等国家级荣誉。"维科""敦煌"两个品牌连续七年成为商务部重点培育和发展的出口名牌；"维科"品牌以68.07亿元的价值，入选"中国最具价值品牌"，跻身行业前列。"维科"被认定为中国驰名商标。

中国人有句老话叫"穷则变，变则通"。20世纪的最后几年，在全国国有纺织企业"壮士断腕"式的大调整中，宁波纺织行业在裂变、聚变中重生。官员出身的何承命更是深谙"变通"之道，知道其中深刻的精神实质。曾作为宁波市纺织工业局局长的他，就是在这次大调整中与作为宁波市国企改革试点的维科结下不解之缘的。在宁波市政府的高度重视和支持下，即使是试探摸索，何承命和他那支精干的智囊队伍也获得了一种游刃有余的自由，使维科的超常规发展得以顺利进行，一条中国纺织行业独一无二的"模式"横空出世。何承命一手创造的奇迹——"维科模式"，被众多企业所模仿，至今依然被人所称道。维科集团重组的成功得到当时国家经贸委、国家纺织工业局的高度评价，中央电视台《新闻联播》节目和《人民日报》都做了相关报道。

从与维科结缘的那一天起，凭借曾经的官员背景所带来的政治敏锐性、政策素养及良好的市场悟性，何承命获得了一种参透企业经营要义的直觉。何承命丰富的阅历和对经营的思考慢慢升华为经验和规律，最终成就了他关于企业经营的奇思妙想。在他的带领下，维科就像上紧了发条般绷紧了发展前进的肌肉和神经，不时推出新战略、闯出新路子、打造新品牌、开创新优势……就在这个过程中，维科集团以纺织服装为主业，加上贸易、房地产、能源和投资共五大产业综合发展，很快发展为具有较大规模和较强综合实力的多元化产业集团，并成为中国500强和中国出口100强企业。维科一天天羽翼丰满，"维科模式"一天天声名远播。

还有一些更深刻的"变通"显示出何承命过人的胆略和高明之处。1998年5月，在中国国有企业改革的浪潮中，宁波纺织系统经过产业整合、经营统一、资产集中的大规模重组，创立了宁波维科集团股份有限公司。2002年，维科进行企业目标管理（MBO）式的产权制度改革，建立了产权多元化的现代企业制度。2004年5月，按照现代企业发展要求，维科控股集团有限公司成立了。维科控股采用母子公司集团控股型的企业结构，采用了控股集团、产业板块、生产经营企业三个层面的管理体系。集团运用共享型管理原理，以产权为纽带，对企业实施有效监控，按专业化和规模化相结合的管理思路进行产业板块的日常运行管理。另外，维科还在全球范围寻找市场战略同盟，以自设海外分公司和收购控股等方式，与国际上130多个国家和地区建立了贸易合作关系。以这些国外公司为窗口，借助其销售力量和市场渠道，建立了以"VEKEN"产品为核心的国际营销网络体系。

体制创新方面的几次"出位"决断让人们看到了何承命对市场明察秋毫的慧眼，一句"我们不做，谁来做，现在不做，什么时候做"语惊四座，"不审势即宽严皆误"一语道破天机。何承命说，正视提升核心竞争力这个产业发展趋势并强有力地执行，才能真正实现提升维科服装、家纺核心竞争力的战略转型；坚持发扬变革、超前决策，才可为百年维科夯实基础。悟到了这一层，铸造维科的辉煌自然就是水到渠成的事了。为了构建家纺品牌高地，维科每年投入巨额资金用于新产品的研发，在上海、浙江、江苏、江西等地，开发了总面积超过200万平方米的工业园，引进了国际最先进的纺织、印染、整理等设备，形成了完整的家纺、服装生产链。

维科集团全面收购了有着100多年历史的老国企——武汉一棉集团。不止如此，维科集团还通过开展国际并购进军海外市场，选择收购制造商品牌、产品品牌或分销渠道等适合自己发展的并购方式，快速获得被并购品牌的资产和资源，加速品牌国际化进程。维科已将海外品牌并购计划作为集团快速开拓国际市场的重要战略来实施。

对收购境外品牌，除了知名品牌自身的"面子"外，维科更看重的是品牌所蕴含的"里子"的价值，包括技术成果、研发团队、管理体系、营销渠道等，而这些都是企业提升产业水平、参与国际竞争的资本所在。比如，日本钟纺纤维株式会社有一批世界领先的创新技术、研发人员和先进生产设备，这确保了其自主创新能力走在世界前列。而这些核心资源正是维科收购的关键。

如今，作为一家高度外向型的纺织企业，维科集团很早就与一批国际知名品牌"打成一片"：通过与日本日清纺公司的合作，维科提升了纺纱的技术能力和管理水平；通过与美国优化（Advanced Energy）公司的合作，维科提高了涤纶缝纫线的生产技术水平和国际市场影响力；通过与美国、欧洲、非洲企业的合作，维科拓展、整合了国际营销资源。

　　维科选择大范围的并购，在策略上考虑了众多因素。从提升自身整体形象和已制定的五年战略目标出发，与美国企业公司的合作可以带来品牌上的国际化提升。对于合作或者并购之后的品牌名称是否变动的问题，维科以整合后的整体形象为标准，结合自身与产品的匹配性、自身的产业规划来定夺，最终目的是拓宽产业宽度，打造一个核心产业链。何承命，这个长相稳重又不失感性的商业才子，正以他不断创新的企业管理思想，逐步打造他的维科王国。

　　作为维科的领航人，何承命始终践行低调的营销理念。翻开财经类报纸杂志，许多知名企业家的名字都被经济界人士所熟知，而维科的高层却鲜有露面。何承命一直不认为所谓"国际品牌"的定义就是全世界人都知道创始人的名字。维科需要的是非常稳定、忠诚的高消费群体，无须疯狂造势，依靠优质的品质，仍旧可以稳稳地在纺织领域占有一席之地。

　　说到何承命，人们都会用商业奇才来形容他。试想，有多少人能仅用6年时间，就创造出一个价值达44.82亿元的品牌？何承命做到了。在何承命和他的团队的努力下，维科家纺成了"世界纤维科技精华"的印证，维科品牌正成为"中国制造"的象征。

　　何承命，这个踌躇满志的个性商人，正以他独到的眼光聚焦于维科的未来，而回顾过去，何承命带领的维科集团的发展历程也是令人惊叹的。

第三节　维科的企业文化

一、维科格言

精神：追求至高境界，创造百年伟业。

理想：维科，创造美好生活。

创新：创新成就未来。

利益：集团利益高于一切。

团队：成就源于团队，团队成就自我。

协作：整体为先、配合为重。

做人：用心做事、诚信为人。

品德：公平公正、公德公信。

用人：崇尚业绩、注重能力。

领导：成就部属、提升自己。

学习：在工作中学习，在学习中成长。

二、企业行为准则

高管人员行为准则：同心同德、敢于负责、勤政务实、勇于创新。

同心同德：坚持集团整体利益至上的原则，善于倾听不同的意见，团结一切可以团结的人。

敢于负责：保持强烈的进取精神和危机意识，勇于为企业的未来和重大经营决策承担风险。

勤政务实：脚踏实地、注重细节，超越自我、追求卓越。

勇于创新：倡导终身学习，提高创新能力，敢于否定自我，追求更高境界。

员工行为准则：忠诚企业、协作配合、高效争优、敬业开拓。

忠诚企业：不做有损集团的事情，维护维科信誉。

协作配合：职责内的工作，绝不推脱，必须做好；职责不明的工作，主动承担；职责外的工作，乐于协助。

高效争优：不怕竞争、敢于竞争，在激烈的竞争中创造一流的业绩。

敬业开拓：以辛勤的汗水灌注每一分的成功，以永不停滞的眼光描绘美好的未来。

公共关系准则：尊重理解、主动沟通、争取支持。

三、企业人才理念

核心理念：维科高度重视人的工作，把人视为企业战略之资本，是企业生存与发展的支撑点。维科强调，人的发展优于一切。维科将尊重人的价值、关注人的需求、发挥人的潜能视为企业发展之根本。

引才观：维科依靠自己的宗旨和文化、成就与机会、政策和待遇，吸引和招揽合格的优秀人才，注重人的素质、潜能、品格、学历和经验。在人才引进和使用上按新人做新事的原则，做到适人适岗。聚焦新能源、新材料、新物联三大核心产业，做强投资赋能平台。为加快匹配战略、组织、人才，提升新材料品牌运营与数字化能力、新能源核心技术与头部客户突破能力，启动战略引才计划，加快高层次专业人才的引进。

育才观：维科成立了维科研究院，作为董事会领导下的战略预备队伍的培训平台，支撑维科事业的长远发展。通过导师带徒弟，让新进人才能够快速融入企业发展环境，为骨干人才创造更加愉快的工作氛围和更加适合发展的事业平台，充分挖掘和发挥人才的潜力。通过岗位轮换、交叉兼职、挂职锻炼、个性化培训等多种途径培育人才，应用岗位素质模型，为骨干人才明确提升方向，铺设职业发展通道，加快骨干人才的培养和使用。

用人观：维科依据客观公正的考评结果，让最合适的人到最合适的岗位工作。应用岗位素质模型，通过"人—岗"匹配评估，为招聘、培训、岗位调整、认知自我、职业生涯规划等提供依据，确保最符合岗位素质模型要求的人到位，为优秀人才提供发展空间。德才兼备，有德有才，重点使用；有德无才，培养使用；有才无德，限制使用或关键岗位不用；无才无德，坚决不用。

留人观：维科重视员工个人价值的实现，努力创造自我激励、自我约束和促进优秀人才脱颖而出的机制。维科建立了人才专项基金，设立人才伯乐奖，用于对优秀人才引进、人才培养等工作做出突出贡献人员的奖励。在报酬与待遇上，坚定不移地向优秀员工倾斜。维科为员工铺设与个人素质结构紧密匹配的职业发展通道，让员工在维科放飞梦想，与所有维科人一道，同创伟业，共享未来。

四、企业价值观

回报、发展、责任是维科的核心价值观，是评判维科一切活动最基本的标准。

回报是企业设立的基本目的，是企业工作结果的最终体现。

回报股东，是指以股东利益为重，每位员工都要为公司的投资回报负责，要讲指标、讲结果。

回报员工，是以奋斗者为本，回报那些具有敬业、创新和团队精神的员工，维科价值分配体系向优秀的奋斗者、成功的实践者、价值的贡献者倾斜。

回报社会，要为客户创造价值，承担企业的社会责任。

发展是硬道理，是持续的回报，是企业的首要任务。公司的发展顺应社会发展，与社会发展同步，与员工的事业、利益追求同步。

公司的发展包括在新商业模式、新项目、新渠道、新产品等方面的有效探索和创新；维科坚持以奋斗者为本，唯有奋斗才能实现发展。"创造价值，改革创新，开放合作"是维科最根本的发展动力。

责任是实现回报和发展的前提和基础。企业的责任是为股东、社会、员工创造价值；员工的责任是对股东、企业、客户和岗位负责，忠于企业、高效争优、敬业开拓、协作配合是责任的表现。

负责任的合作伙伴：维科以"同创伟业、共享未来"为合作理念，致力于构建开放、共赢的战略合作生态圈，共享价值、资源与成果。

负责任的社会公民：秉承绿色纳税企业理念，作为宁波市纳税50强企业，维科正通过产能转移、产业升级、应用绿色、环保、低碳科技保护生态环境，保障社区居民安全与健康。

负责任的教育与慈善公民：积极投身教育事业，设立维科学院、维科班及维科奖学金，为中国的教育事业贡献力量；同时热心慈善事业，通过产业扶贫、设立慈善基金、对口互助等形式，造血扶贫、捐助灾区、资助贫困山区。

五、企业价值导向

维科始终坚持四大价值导向——责任、团队、作风、利益。

责任：尽心尽职、敢于担当；做好表率，当好楷模；处事公正，实事求是；切实对岗位负责，对公司负责，对员工负责，对股东的长远发展负责。

团队：在团队内部相互协作、相互补台、相互信任，破壁沟通，践行团队精神；关心和重视后备干部的培养，与下属保持沟通交流，及时给予指导和提醒，用人所长，善于激励。

作风：以身作则、说到做到、落实到位，把公司的事业作为自己的事业来奋斗，以创业、创新的激情和敬业、务实的作风开展本职工作，朝气蓬勃、谋定而动。

利益：以公司利益为重，服从大局，正确把握局部利益和整体利益、眼前利益和长远利益之间的关系；公私分明，廉洁公开，肯付出、讲奉献，反对斤斤计较、损公肥私。

六、企业使命和愿景

维科以科技创新生活为使命，通过投资运营高新产业，引领智慧、科技、绿色未来发展。

维科不忘初心，聚焦高新产业发展，以成为中国高新产业投资的引领者为愿景，一直努力着。

第九章　新红帮第二梯队企业文化撷英

第一节　爱伊美集团

一、企业简介

爱伊美集团始创于1979年，其前身是宁波奉化的滕头服装厂。经过40多年的岁月洗礼，其已发展成集纺织印染、服装制作、针织毛衫、进出口贸易、实业投资、电力金具及供热、物业于一体的多元化、现代化集团企业。

公司现有员工2000多名，总资产15亿元，产品按照国际标准实施生产，通过ISO 9001、ISO 14001、OHSAS 18001三体系认证，年产各类高级品牌服装350万件/套、羊绒面料180万米、针织羊绒衫50万件（套），年销售收入12亿元，创汇3000万美元，利税6500万元。作为入选"全球生态500佳""全国十大文明村"的滕头村的经济支柱企业，1991年以来，党和国家领导人先后莅临爱伊美集团进行实地视察。

公司一直坚持"内外并举，双轮驱动"的营销方针，建立起国内外多层次的市场营销体系。内销网络遍及全国20多个大中城市，团服承接公安部、最高人民法院、最高人民检察院、国家市场监督管理总局及海关、海警、税务、铁路、城管、移动、邮政、电力、银行、航空、保险、石油等行业的订单。产品外销至30多个国家和地区，在美、日、英、法、德、意等20个国家注册AIYIMEI商标，提升品牌价值。

爱伊美始终秉承"诚信、务实、创新、奋进"的企业精神，稳中求进，不断发展，从1996年至2023年，连续被评为中国服装销售、利润百强企业，曾先后获得全国出口创汇先进企业、全国民营500强企业、中国出入境检验检疫信用管理AA级企业、浙江省和谐企业、浙江省AAA级"守合同重信用"单位、浙江省"诚信示范企业"、宁波海关"AA类管理企业"和中国名牌产品、中国出口名牌商品、出口免验企业、浙江省名牌产品、省知名商号等荣誉。

爱伊美集团（图片来源：余赠振摄）

2022年宁波时尚节爱伊美集团展厅（图片来源：余赠振摄）

二、企业文化

源于爱，止于美，是爱伊美的企业文化核心，即求真、求善，臻于至善、臻于至美。

爱伊美的创立源于爱。爱己、爱人、爱家、爱国，是爱伊美所信奉与崇尚的信念。公司把爱视为动力源泉，作为创立成长、发展进步和塑造未来的基石，以智慧创造财富，在创新传承中实现企业与个人愿景的和谐美好统一。

"一犁耕到头，创新永不休"是务实笃行的滕头精神，作为土生土长的宁波奉化滕头人，爱伊美集团董事长傅志存先生更是将"诚信、务实、创新、奋进"融入企业的血脉，作为企业精神，引导爱伊美健康、可持续发展。

集团大力弘扬吃苦耐劳的劳模精神和精益求精的工匠精神，厚植工匠文化，引导党员职工钻业务、比技能、做奉献；搭建展示平台，完善激励机制，激励党员职工勇立潮头，当好企业发展的弄潮儿，至今已培育数名全国各级劳模、工匠，成为企业转型升级的坚强后盾。

爱伊美作为红帮裁缝的传承基地和重要窗口，以"传承红帮精神，铸就百年匠心品牌"为己任，以百年红帮技艺为底蕴，积极吸收国外先进技艺，中西结合、兼容并蓄，其产品形成了鲜明的风格特征。公司主导产品羊绒大衣选用素有"软黄金"及"纤维钻石"之称的纯正山羊绒作为产品面料，尽显典雅高贵。西装经过201道工艺，保持经典的"四功""九势"和"十六字标准"制作手法，符合不同国家不同地区消费者的需求。

爱伊美怀抱对品牌事业的激情与梦想，在产业振兴的征途上，不断创造新的奇迹。现如今，爱伊美不仅是一个服装品牌，而且作为一种文明符号，传承了红帮裁缝百年工艺精髓，提出了更加符合社会文化潮流的新着装方式，在这个激情昂扬的时代里，必将以集大成者的姿态领跑未来。

第二节　宁波荣昌祥服饰股份有限公司

一、品牌溯源

宁波荣昌祥服饰股份有限公司的品牌起源于"荣昌祥呢绒西服店"。荣昌祥品牌经历了百年历史，已传至第五代，见证了"红帮裁缝"的历史变迁。表1列出了荣昌祥的五代传人。

表 1　荣昌祥的五代传人

第一代	王才运（1879—1930）	荣昌祥呢绒西服号经理，曾任上海市南京路商界联合会会长
第二代	王宏卿（1900—1972）	曾任荣昌祥呢绒西服号经理、上海西服业同业公会理事长
第三代	王如珍	曾任荣昌祥呢绒西服号经理
第四代	王永华	1992 年成立"奉化市荣昌祥制衣有限公司"
第五代	王朝阳	现任宁波荣昌祥服饰股份有限公司董事长

二、企业简介

1979年，依托"荣昌祥"西服的制作工艺，奉化成立了第一服装厂，王永华为特聘技师。1992年，王永华成立奉化市荣昌祥制衣有限公司，并重新注册了"荣昌祥"这一品牌商标。1996年，王永华之子王朝阳继承了荣昌祥制衣有限公司，并将公司发扬光大，斥巨资建造了一流的厂房，占地面积达35万平方米，拥有固定资产5000多万元，有员工500余名，其中专业技术人员70余名，年产40万套西服。公司先后引进全套意大利、日本、德国等国的先进的缝纫及整烫设备。目前公司主要分国内和国外两块市场。在国内市场，公司致力于开发定制"荣昌祥"纯手工西服；在国外市场，公司从企业内部管理入手，严把产品质量关，以质量、交货、服务赢得客户的信任，致力于开拓欧美、中东市场。在有关部门的支持和公司全体员工的共同努力下，公司于2006年通过了ISO 9001：2000质量管理体系认证，相继获得奉化市总工会"工人先锋号"、奉化市"纳税百强企业"、奉化市"和谐企业"、省工商局"重信用守合同单位"等荣誉称号。

宁波荣昌祥服饰股份有限公司大楼（图片来源：余赠振摄）

三、企业文化

宁波荣昌祥服饰股份有限公司继续保持百年老字号的优质信誉，结合时尚和经典，建立和完善品牌体系，创新品牌文化信誉。

公司始终贯彻执行"质量为先，以人为本，信誉为重，服务为诚"的企业精神，依靠科技进步和严格管理，在以董事长王朝阳为首的各级领导和全体员工的共同努力下，企业飞速发展，取得了突出的成绩。

除此之外，宁波荣昌祥服饰股份有限公司有着它独特的包容性。公司对于外来的优秀文化具有很强的吸收学习能力，能够吸收经济发展、文化进步和社会变革中的积极因素，吸收其他企业在实践中形成的优秀思想和经验；同时，对于与企业文化主流相悖的其他思想意识则有着相应的抵御能力。"去粗取精，去伪存真"，公司在这样的包容文化的影响下，形成了自己独特的鲜明个性——蓬勃、创新、团结、奋斗。

公司建立了"荣昌祥纪念馆"，梳理老字号发展历史，传承脉络，挖掘老字号文化内涵，确立老字号文化精神；同时，公司也在传承老字号，创新品牌文化，以人为本，努力经营浙江老字号，一针一线地阐释荣昌祥百年文化。

荣昌祥纪念馆内景（图片来源：余赠振摄）

第三节　宁波雅楚服饰有限公司

一、企业简介

世界上有三个可以齐名的百年裁缝小镇，一个是曾为皇家追捧，而今已然没落的英国萨维尔街；一个是代表精致与专业的意大利那不勒斯；还有一个是历经百年的红帮文化的诞生地——中国宁波奉化。

宁波雅楚服饰有限公司创立于2007年，是一家集设计、研发、生产、销售于一体的综合性服饰企业。2012年，雅楚创始人周辉明于工厂内创办霓楷手工西服；同年，于美国创立Nikky New York（霓楷）西服品牌，成为北美五大手工西服品牌之一。2012年，霓楷手工西服邀请到世界十大裁缝之一的圣弗朗西斯科前来指导工作，建立起由几十位老师傅组成的纯正手工西服制作流水线，并陆续加入了意大利、英国、加拿大等国际知名设计师的设计灵感与风格，受到中央电视台财经频道、新华社、《光明日报》等几十家媒体报道。在国际上，霓楷带着百分之百中国制造的手工西服，不断亮相于纽约、拉斯维加斯、巴黎、莫斯科等国际舞台，连续四年助力央视春晚主持人礼服，承包四季《中国好声音》主持人的战袍，作为著名作家、中国作家协会副主席叶辛老师出席重要场合的西服，不少明星、企业家的西服也是出自霓楷的手工西服车间。在新时代的背景下，霓楷手工西服坚持匠心打造，不断为红帮文化的传承、为国际西服制作技艺的传播做出新的贡献。

宁波雅楚服饰有限公司（图片来源：余赠振摄）

雅楚手工车间

二、企业文化

宁波雅楚服饰有限公司始终本着"诚实经营，道德经商，缔造经典，追求完美"的经营宗旨，坚持以一流的管理、一流的品质、一流的服务，不断制造经典，不断塑造完美的服务理念，赢得广大客户和朋友的支持和赞誉。

最能体现雅楚文化精神的是雅楚人对西服手工技艺的不懈追求。手工西服车间的几十位师傅耳濡目染红帮文化的精髓，在红帮技艺的基础上，融入了意大利最顶尖的手工制作精髓。2019年，车间所有师傅集体向圣弗朗西斯科拜师，这是技艺传承的见证，也是东西方裁缝文化的碰撞与交流。

在工艺上，霓楷手工西服坚持全麻衬工艺，这也是迄今为止世界上公认的最高端、难度最大的手工西服工艺。目前，在国内可以做到全麻衬工艺的厂家屈指可数。在国际上，这一工艺也逐渐式微。但全麻衬一直被视为高级手工西服的标杆工艺。

在制作过程上，一套西服在霓楷手工西服车间，需要几十位老师傅分工合作，花费10天左右共同完成，细分为几百到上千个工序，简化工艺可以归结为量体、专人专版、手工画样、单板单裁、手工上全麻衬、全麻衬下水、手工覆胸衬、手工纳驳头、胸型检查、手工推门、手工订标、烫缝整摆后背、手工大烫、半成品试体等几十道环节，是真正意义上的定制西服制作。

雅楚服饰创始人周辉明认为，手工西服的内涵文化和匠心精神传承，必须由团队共同努力，他创办品牌的初衷也是希望将红帮文化传承下去，将西服制作的技艺不断延续下去。

工匠精神跨越时空，技艺传承不分国界，创有国际影响力的百年品牌，做品质最好的手工西服，霓楷手工西服团队，和Nikky New York 品牌一起，正走在努力的道路上。

雅楚创始人周辉明（左一）接受采访（图片来源：余彩彩摄）

第四节　宁波金鸟服饰有限公司

一、企业简介

宁波金鸟服饰有限公司于2007年1月19日在宁海县市场监督管理局登记成立，法定代表人是詹行锋，公司经营范围包括服饰、服装、针纺织品、羽绒制品、工艺品、皮革制品等。自2013年进入校服市场以来，金鸟服饰一直专注于校服的设计和生产。

金鸟服饰一贯注重服饰创意研发团队的建设。金鸟人深信，只有凭借优秀的设计，才能赢得更多客户的青睐。从高端职业装到特定行业制服，从企事业单位工装到各种优秀中小学校服，金鸟一直致力于团体服饰的开发设计与生产销售，公司认为，只有将各行业的精神文化融入团体服饰，才能展现各行各业的内在精神，才能体现出该行业从业人员的精气神。文化内涵的传达重要，服装款式创新及穿着舒适度更重要。

金鸟服饰在实用性与美观度上的结合，可谓是用心良苦。在服装款式设计方面，金鸟服饰一直坚持自己独特的版式风格，造型线条贴合人体曲线，不仅大大改善了修身效果，更有助于提升穿着舒适度。好设计更需要好工艺才能出好产品，金鸟服饰拥有国际领先的流水线工艺，凭借精湛的技术、先进的设备、严格的管理，实现了工厂的高效能生产。

公司于2015年1月27日在上海股交中心正式挂牌，标志着金鸟服饰开始走向资本市场，同时也标志着金鸟服饰市场竞争力不断提升、企业结构不断规范化。

金鸟服饰凭借良好的行业口碑、强大的设计研发能力、系统的管理、高效的生产，多年来赢得了不少的荣誉。2012年，公司荣获宁波市首届中小学校服（学生服）展示评比活动特等奖、一等奖；2013年荣获首届"华银联合杯"全国学生装设计大赛多个设计优秀奖和展示金奖；2014年荣获全国学生装生产服务先进企业荣誉称号；在2016年中国校服设计大赛中，荣获两个二等奖；在2017年中国校服设计大赛中，荣获一个特等奖、两个一等奖、两个二等奖，还被教育部评为2015年最美校服。在2017年度中国校服行业十大品牌排行榜网络投票环节中，经过两个半月的投票，金鸟服饰夺得第二名，获得了全国人民的认可。金鸟服饰被评为全国学生装生产服务先进企业，金鸟商标获评首批全国校服知名品牌，公司还在绍兴文理学院设立了金鸟奖学金，帮助培养更多的服装人才。在2017年"我心目中的宁波品牌"评选活动中，公司荣获"金口碑品牌"称号。

金鸟的优势是，从产品面料开发到线上线下销售服务环节，一直坚持创新。

金鸟服饰投入资金开发可永久循环面料。为了提高孩子们的环保意识，2017年夏，金鸟服饰与东恩中学合作开展了"绿色校园从我做起"的旧校服回收活动；与此同时，金鸟服饰和精工集团旗下的佳人公司达成战略合作，把学校回收的旧校服和车间边角料进行再利用，通过化学分解将其还原为聚酯材料，重新制成新的高品质、多功能、可循环使用的聚酯纤维。

公司着力打造宁波首家校服旗舰店，将售后服务与线下体验相结合。金鸟线下旗舰店的设立不但满足了家长多方面的购物需求，同时也让家长在现场更真实地体验和感受不一样的校服文化。金鸟服饰实体旗舰店不仅提供校服订购服务，还会对每一季新款学生装进行精彩呈现。

金鸟服饰还大力建设现代化电子商务物流中心，线上购买与物流配送相结合。2017年初，金鸟服饰设立了电子商务部，这是以校服网购和线上售后服务为主要业务的新型B2C网络平台，也是国内品牌校服网络零售服务的领先者。公司的目标是打造国内最大的时尚校服网络购物、售后服务平台，让家长足不出户就能享受到高品质的校服购买及售后服务。

宁波首家金鸟校服旗舰店（图片来源：公司官网）

二、企业文化

金鸟服饰不只是将校服视为产品，更是将其作为一种文化和传承。自成立以来，公司一直秉持"诚信经营、道德经商、缔造经典，追求完美"的经营宗旨，经过多年的努力经营，在行业内积累了良好的口碑，也赢得了客户的信赖。

金鸟本着做好每一件校服的初心，时刻牢记自己的使命和职责，专注于生产高品质的校服，"一针一线打造精品，一言一行塑造品牌"。公司始终将品质与服务放在首位，注重团队打造，鼓励员工不断学习，用规范管理塑造团队。公司还引导并协助校方建设校服文化，通过全方位的优质服务，提升中国学生的校服品质，为中国教育事业、校园文化建设添砖加瓦。

金鸟服饰的核心价值观是：健康、责任、创新、感恩。

健康，即关注青少年成长，关注身心健康，关注员工的心理健康。

责任，就是对祖国的未来负责任，对下一代负责任，对员工在企业的发展负责任。

创新，是企业发展不竭的源泉，是打造校服的保障，是引领校服潮流的基石。

感恩，是感恩父母赋予生命，感恩企业提供平台，感恩国家优惠政策，感恩社会让人成长，感恩学校以德育人，感恩老师授予知识，感恩家庭给予温暖，感恩时代赐予辉煌。

第五节　宁波莱士服饰有限公司

一、企业简介

宁波莱士服饰有限公司是一家专业生产、销售中高档衬衫和服饰的外贸生产厂家，其前身是1984年由奉化市住房和城乡建设局、奉化市环境保护局为解决城市待业青年的就业问题而开办的一家集体所有制企业。1999年12月22日，公司在宁波市工商行政管理局奉化分局登记成立，法定代表人为胡孝波。公司经营范围包括服装、衬衫、领带的制造、加工、批发、零售；经营本企业自产产品的出口业务和本企业所需机械设备等。主打产品衬衫有全棉衬衫、CVC衬衫、TC衬衫、麻类衬衫等四大系列，分男女长短袖衬衫、时装衬衫、超高支全棉免烫抗皱衬衫、生物保健衬衫和防缩羊毛绒保暖衬衫等五个品类。

公司拥有现代化厂房和大批专业技术人员，建立了全套国际标准衬衫生产流水线，实施严谨的品质监控措施，具有很强的新产品独立开发及生产能力，年产量达60万～80万件。科学的管理体系、雄厚的技术实力和完善的售后服务，为高品质的产品与服务提供了强有力的保障，也赢得了市场的充分认可。

公司产品精选国内外高档面辅料，款式紧扣国际流行趋势，因为用料考究、做工精致、款式新颖、舒适挺括等特点，畅销美国、英国、加拿大、澳大利亚等国家，并深受广大用户的青睐。

公司先后获得的主要荣誉有：全国"服饰博览会金奖""中国名

牌""浙江省著名商标""中国精品衬衫""国际博览会金奖""历次抽检合格产品""国家监督抽查优等品""产品质量信得过企业""质量管理先进单位""ISO 9001：2000 国际质量体系认证"。

未来，公司将实施产品系列化、风格个性化、品质精品化、款式多样化、服务人性化等经营战略，与海外新老合作伙伴建立多种形式的合作关系，携手共创更辉煌的明天。

宁波莱士服饰有限公司匾额

二、企业文化

（一）善尽社会责任

莱士服饰本是为了解决城市待业青年的就业问题而开办的，董事长胡孝波作为一名草根出身的企业家，也一直不忘初心、牢记使命，时刻把解决老百姓的就业问题挂在心上，总是想方设法为有困难的群众优先提供就业岗位，充分体现了一名企业家的社会责任意识。

（二）做有温度的企业

在莱士服饰，管理者把员工当作企业的主人，员工也把企业当作自己的家。公司不仅不随便辞退员工，而且会通过培养感情、提升待遇和人性化的管理把人留住。当员工感受到企业的温暖时，他们也会努力为企业贡献自己的力量。所以，即使遭遇新冠疫情这样的严重困难，即使出现全国性的企业用工荒，莱士依然能够保持一支比较稳定的职工队伍，保证企业的正常运转。

（三）产品做精，步子迈稳

很多企业在发展到一定阶段的时候，就会想着怎么把企业做大做强，这固然是一种十分重要的战略选择，但是如果换一种思路，把企业做精做强，不也是一种非常明智的战略选择吗？莱士根据自身的发展条件，把衬衫作为企业的主打产品，努力在"精"字上下功夫，实行错位竞争，培育自己的优势产品，同样能把企业做强。而且莱士不在规模上搞盲目扩张，企业发展的脚步迈得更加稳健。一直以来，莱士没有遭遇过市场萎缩、产品卖不出去这样的经营困境，与企业家的经营谋略是大有关系的。

三、管理理念

莱士始终秉承以下管理理念：上下沟通达共识，左右协调共进步；团队精神同努力，企业文化才突出；要与不要区分好，舍弃多余腾空间；人人认真对待产品，争取客户百分百信任；品质是做出来的，不是靠检验出来的。

莱士陈列厅一角（图片来源：余赠振摄）

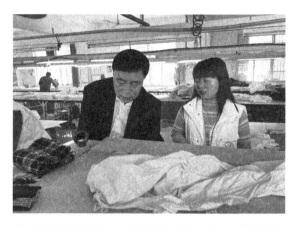
莱士董事长胡孝波在车间指导（图片来源：余赠振摄）

第六节　宁波丹盈科技有限公司

一、企业简介

宁波丹盈服饰有限公司于2007年3月15日成立，法定代表人为周建平。丹盈服饰的前身是有着30年辉煌历史的宁波大盛时装有限公司。2022年，公司更名为宁波丹盈科技有限公司。

宁波丹盈科技有限公司是一家中外合资企业，拥有自营进出口权，专门从事服装及相关产品的国内外贸易。公司实力雄厚，旗下有西服、梭织服装、针织服装、面料织造、花边织造、电脑刺绣、印花及检品修整等八家子工厂、公司，业务遍布世界各地，与日本、欧美著名商家有着密切的业务往来。

公司依法经营，重合同、守信用，使企业的行业知名度不断提高。多年以来，公司一直以规模化的生产、集约化的管理、雄厚的技术力量、完善的售后服务和坚持不懈的研发，努力为客户提供有竞争力的商品与服务。

宁波丹盈公司陈列室（图片来源：余赠振摄）

宁波丹盈公司车间

二、企业文化

（一）诚信为本

周建平说，做人要诚信，办企业也一样。这是周建平的为人风格，也是丹盈企业文化的一个重要组成部分。正因为如此，丹盈才能赢得客户的信赖。丹盈曾经接了一笔日本订单，要生产2万多件服装销往日本。由于对这批针织原料的性能不够了解，成品出来后，虽然通过了工厂检验，也通过了日方指定的第三方检验机构的全检，但洗涤后还是发现不少纬斜问题，日方要求打折处理，周建平却做出了一个惊人决定：主动向日方承诺全额赔款。周建平诚信为本的生意经深深感动了日方，之后订单持续增长，并与该公司一直保持着长期的合作。多年来，周建平能想客户所想、急客户所急，努力为客户提供最优质的产品和服务，在丹盈试做过订单的客户，之后都会持续下单。目前企业的客户除近年新开发的客户外，基本都是长期合作的老客户。

（二）把文化当产业做

在深耕服装产业的同时，周建平也不断探索企业转型发展之路。她在做了深入的市场调研之后，选择了文化、创意教育培训项目，并于2014年建设了天艺文化创意产业园，此项目总投资1500万元。她还为奉化及周边地区有才华的大学生搭建了创业平台。2016年，天艺文化创意产业园被列入宁波市文化产业园培育园区。

（三）用行动温暖员工

"留人留心"是丹盈的宗旨。在企业不断创造良好经济效益的同时，周建平也十分关心员工利益，不断提高员工的薪酬待遇，为职工投保各类保险，免费组织员工进行体检，免费托管孩子，免费提供工作餐。丹盈对女职工实行"四期"保护，成立奉化首家"女职工心情舒缓中心"，定期邀请心理专家坐诊，帮助员工分析和解除心理障碍。众所周知，民营企业员工流动性大是普遍现象，而在周建平的企业中，工作时间长达十几年甚至三十年的员工比比皆是，这与周建平关心员工利益、注重企业文化、提升企业凝聚力是密不可分的。

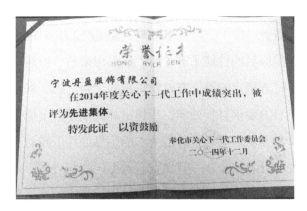

关心下一代工作先进集体荣誉证书

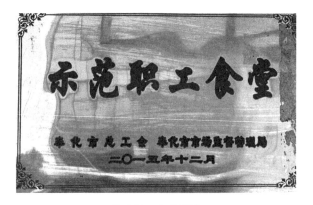

示范职工食堂匾额

（四）用爱心回报社会

周建平始终将回报社会看作一个企业家应尽的责任，她总是积极参加社会公益活动。她热心帮扶妇女和残疾人等弱势群体实现就业和再就业。公司但凡招工，总是优先录用下岗女工，即使她们是非熟练工，周建平也总能从减轻社会负担的大局出发，宁可多花些培训费用，也会优先录用她们。迄今为止，公司累计已吸收上百名下岗女工。她曾与一名贫困儿童结对助学，解决她的生活困难，资助她完成从小学到大学的学业；2008年，她为汶川地震灾区捐款51.2万元；她亲自慰问老一辈女企业家、妇女主任，每年发放慰问金合计20余万元；积极参与宁波市"女企业家123圆梦行动"，资助女大学生和创业女性圆梦……多年来，周建平以各种形式回馈社会，累计资助社会福利事业已达500余万元。

三、管理理念

丹盈的管理理念为：产业竞争靠产品，产品竞争靠品质；高品质的产品源于高标准的工作环境；居安思危除隐患，预防为主保安全。

董事长周建平介绍企业历史（图片来源：余赠振摄）

董事长周建平（右二）接受采访（图片来源：余赠振摄）

第七节　宁波老 K 制衣有限公司

一、企业简介

宁波老K制衣有限公司于1998年5月27日在宁波市奉化区市场监督管理局登记成立，法定代表人为包国富。公司经营范围包括服装、鞋帽、手套、领带、床上用品、服装辅料等。

1993年7月，老K制衣被宁波市人民政府授予市明星企业称号；1996年至1998年6月，被农业部和对外贸易经济合作部授予1995—1997年全国出口创汇先进乡镇企业称号；1997年，老K的产品被宁波市人民政府认定为宁波市第七批名牌产品；2017年，老K商标被浙江省工商行政管理局延续确认为浙江省著名商标。

商会副会长单位匾额（图片来源：余赠振摄）

二、企业文化

（一）"扁担精神"挑出"老K"

1984年，老K在一片质疑声中创办，但公司立业的基础十分简陋，缝纫机、椅子都是职工从自己家里搬来的，厂房也是租借的。那时，厂里连几十元的运费都要精打细算。老K生产的西服先从奉化方桥码头运到宁波市区濠河码头，然后包国富亲自用扁担将西服挑到江北轮船码头，用船运到上海十六铺码头，再用扁担挑着送往上海各大商场。老K就是这样用扁担一点一点挑出来的。

（二）用"加减法"拓展市场

所谓"加减法"，就是在质量上只"加"不减。一套服装从面料开始到量、裁、缝、压、烫、订等几十道工序，道道严格把关，连口袋里的暗线也不放过。公司规定要用6分钟做一只袖子，4分钟做完就不行，不能自作主张做"减法"。而在面辅料价格上涨的情况下，老K宁可薄利多销，在价格上也宁"减"不"加"。表面上看起来公司是少赚了些钱，但打响了牌子，赢得了客户，拓展了市场。

（三）不做产品做品牌

许多宁波人可能不清楚，老K是宁波服装行业的第一个注册商标。这家20多年前被农牧渔业部授予服装类"部优产品"称号的服装企业，曾有过耀眼的光环，老K西服一度风靡大江南北。当时社会上品牌意识较弱，老K服饰也认为"卖产品不在于卖品牌"，仅凭质量过硬的服装就可一路领先市场，于是老K这个品牌的市场推广工作也逐渐被搁置了下来。现在，老K掌门人包国富的品牌意识在市场经济的大潮中终于醒悟了过来，开始推行新的企业发展战略，重视品牌营销，而做品牌其实就是做文化。

（四）传承红帮技艺

老K在创业之初，就从上海请来了包祖寿等6位红帮裁缝传人长驻企业进行业务指导，他们手把手教设计、教打样、教下料、教裁剪、教缝制、教熨烫、教包装，带出了一批又一批的徒弟，让老红帮裁缝的精湛技艺和精益求精的职业精神在老K人身上得到了继承和发扬，包国富便是新红帮传承人的一个杰出代表。

老K两代负责人（左一、左二）接受采访中（图片来源：余赠振摄）

参考文献

[1] 陈国强. 中国服装产业蓝本寓言——宁波服装观察 [M]. 北京：中国纺织出版社，2008.

[2] 季学源，陈万丰. 红帮服装史 [M]. 宁波：宁波出版社，2003.

[3] 季学源，竺小恩，冯盈之. 红帮裁缝评传 [M]. 杭州：浙江大学出版社，2011.

[4] 荆娴，姚光辉. 铸造企业之魂——宁波企业的文化引领 [M]. 杭州：浙江大学出版社，2009.

[5] 刘云华. 红帮裁缝研究 [M]. 杭州：浙江大学出版社，2010.

[6] 吕福新，等. 浙商的崛起与挑战——改革开放 30 年 [M]. 北京：中国发展出版社，2009.

[7] 马山水，白泉旺，张尚群. 浙江企业管理案例研究 [M]. 北京：经济科学出版社，2010.

[8] 宁波市政协文史委. 宁波帮与中国近现代服装业 [M]. 北京：中国文史出版社，2005.

[9] 钱茂伟. 宁波服装 [M]. 北京：中国纺织出版社，1999.

[10] 盛静生. 罗蒙 [M]. 哈尔滨：黑龙江人民出版社，2003.

[11] 苏益波. 雅戈尔非凡崛起 [M]. 杭州：浙江人民出版社，2010.

[12] 王若明. 2009/2010 宁波纺织服装产业发展报告 [M]. 北京：中国纺织出版社，2010.

[13] 应华根，魏玉棋．新宁波帮 [M]．北京：中国纺织出版社，2009.

[14] 周时奋，曹阳．杉杉关键词 [M]．上海：华东师范大学出版社，2008.

[15] 祝文欣，林少波．给中国服装家族企业开一剂药方 [M]．北京：机械工业出版社，2006.

172

后 记

本书系浙江纺织服装职业技术学院文化研究院与宁波市奉化区文化和广电旅游体育局的签约合作项目"红帮文化丛书"之一，从策划到完稿历时近一年的时间。在校地双方的共同努力下，最终顺利完成了编写任务。

编写这样一本书，对我们来说是一个不小的挑战。由于时间紧、任务重，加上可供参考的资料良莠不齐，甚至可以说是匮乏的，所以呈现在读者面前的这本书可能有些毛糙，甚至不乏一些错误，但我们依然感到非常欣慰。不管怎样，这毕竟是红帮文化研究的一项新成果。对于任何辛勤耕耘的人来说，有收获总归是一件好事。

在此，我们还要特别向有关单位和人员表示衷心的感谢。首先要感谢校地双方的有关领导及有关企业的负责人，没有他们的热忱关心和大力支持，我们下企业开展调研活动和获取第一手资料就不会那么顺利；其次要感谢有关著作、文章的作者及众多公共网络资源的提供者，我们从他们那里借鉴了不少有用的信息和成果；最后要感谢浙江大学出版社，正是出版社的大力支持和帮助，才使本书能够如期面世。

参加本书编写的一共有8位同志。具体分工如下：

主编：胡玉珍（原宁波市奉化区文化和广电旅游体育局局长）；

主审：冯盈之（浙江纺织服装职业技术学院文化研究院院长、教授）；

撰稿：张艺（浙江纺织服装职业技术学院文化研究院特约研究员）、张宏儿、许维维（浙江纺织服装职业技术学院基础部/体育部副教授、讲师）、姜斌（宁波财经学院马克思主义学院副教授）、张夏（浙江金华科贸职业技术学院基础部讲师）、付园园（武汉商学院艺术学院助教）；

协助：余赠振（浙江纺织服装职业技术学院党委宣传部退休干事）。

请各位专家、学者和广大读者不吝赐教，如有错漏，敬请谅解！

编者

2023年10月12日于浙江纺织服装

职业技术学院文化研究院

新红帮企业文化